The Divine Madman: The Sublime Life and Songs of Drukpa Kunley

藏傳佛法最受歡迎的聖者——

瘋聖竹巴袞列
傳奇生平與道歌

嘉旺竹巴法王Gyalwang Drukpa｜中文版序言
竹古確嘉嘉措仁波切Dugu Choegyal Gyamtso Rimpoche｜前言

格西札浦Geshe Chaphu｜彙編

凱斯道曼Keith Dowman、索南巴就Sonam Paljor｜英譯
普賢法譯小組：蔡宜葳｜中譯　陳美蓮、楊書婷｜校對

李．巴爾斯拉格Lee Baarslag｜插圖

目次

嘉旺竹巴法王中文版序言

竹巴袞列（Drukpa Kunley）是十五世紀時普受世人愛戴的一位「瘋聖」，其佛行事業卓越地橫跨娑婆世界與殊勝證悟界。這位名聞遐邇的瑜伽士破除了那個年代的所有常規，卻仍毫不費力地維持其清淨的自心與發心。一些時候他甚至被暱稱為「Jo Drapa」或「鄉紳僧人」（Gentleman Monk），一個同時包含世間與出世間的稱號。這些正說明了竹巴袞列的故事對我們而言意味著許多關於圓滿如謎樣般的難題，而自那時起直至今日，大師就是以其身為幽默、坦率、狂放與修證的化身而聞名於世。

關於竹巴袞列有一點著實鼓舞我的是，其對於避免「黑供」（Kor）從不妥協的決心。所謂的「黑供」是指懷著不淨的發心對上師獻供、送禮或提出請求，基於此，獻供者將毒化這外表看起來是慷慨布施的行為，而使上師背負起原本不應該給予加持與祝福的業。最終結果是，所有捲入該行為的人都必須承受不可避免的惡業。竹巴袞列能夠非常敏銳地判斷這類行為，無論其為隱匿或公開的，他都能夠胸有成竹地予以避免。

當然，整體來說，竹巴袞列有其非常獨特的行事風格。我們或許會因其不守陳規的行爲感到困惑，即便是以今日的標準來看仍舊會被視爲是荒誕、粗俗、無禮與不被允許的行爲，所以這也是終究爲什麼我們會用「瘋」這個字。但事實上，出自一名證悟瑜伽士意料之外的舉動，經常是一場絕妙的教示、一記令我們重新深思何者爲重的當頭棒喝。因此，與其將焦點放在肢體行爲上，我們應從大師誠實坦率的態度、對清淨佛法的了悟，以及不受世間八法影響而堅定地走在修道上的態度所啓發。我們大部份的人容易被外在的表相與呈現所吸引，而未能去檢視他人內心眞正的意圖。竹巴袞列的傳記提供我們一個機會，鼓勵我們看得更深一點，讓我們在邁向證悟之道的時候，能夠誠實、勇敢地面對自己。

竹巴袞列是受到喜馬拉雅眾傳承一致推崇的大成就者。我聽說在格魯學派中他同樣受到極高的崇敬，因此在拉卜楞寺裡，於竹巴袞列的法座上供奉了十三卷《般若波羅蜜多十萬頌》以示尊敬，並且在文革以前一直被奉爲是禮敬之處。對我們這個屬於瑜伽士的竹巴傳承而言，竹巴袞列佔有特殊的一席之地，與之齊名的成就者尚有嘉華戈倉巴、嘉華揚貢巴與嘉華羅日巴，在我們的上師傳承中其地位有如英雄一般。身爲他們的追隨者，我們應該從他們的傳記中學習並樂在其中，進而想辦法與其生命故事中豐富美好的部份做連結。

我很感激與高興看到竹巴袞列的傳記已由凱斯・道曼進行深入的研究與考查並翻譯成英文，如今再由普賢法譯小組翻譯成中文。對於那些有興趣步上證悟瑜伽士道路的人們而言，這將會是極大的利益。

獻上我的祝福，

嘉旺竹巴

THE GYALWANG DRUKPA

7th August 2017

Drukpa Kunley is the beloved "Divine Madman" of the 15th century whose activities spectacularly traversed the samsara and enlightened realms. This well-known yogi broke all the conventional rules of the era, yet effortlessly maintained purity of mind and motivation. He is even sometimes described as "Jo Drapa," or "Gentleman Monk," a moniker containing both worldly and spiritual designations. All of this is to say that the stories of Drukpa Kunley represent many conundrums of perfection for us, and he has been celebrated from then until today for his embodiment of humour, honesty, boldness, and spiritual realization.

One thing that truly inspires me about Drukpa Kunley is his unbroken resolve to avoid *Kor*, or "Black Offerings." This refers to offerings, gifts, and requests presented to the guru with impure motives. In this manner, devotees can poison their seeming acts of generosity, and burden the Guru to deliver blessings when none are deserved. As a result, negative karma is inevitable for all involved. Drukpa Kunley was very sharp in identifying these kinds of things, and was able to avoid them in all subtle and overt forms with total conviction.

Of course, generally speaking, Drukpa Kunley had a very unique way of doing things. We may be confused by his unconventional activities, which by today's standards could be considered outrageous, vulgar, rude, and unacceptable. This is why we use the term "Madman," after all. But very often, the surprising behaviour of enlightened yogis can be quite a wonderful lesson, a wake-up call for us to think about what really matters. Beyond his physical actions, we can draw inspiration from the honest attitude, the understanding of the purity of Dharma, and the intention to walk the spiritual path without the stains of the Eight Worldly Concerns. Most of us are caught up in the external appearances and presentation of others, and fail to look at the true intentions of their heart. Drukpa Kunley's biography is an opportunity and encouragement for us all to look deeper, and to be honest and courageous ourselves as we walk our path towards enlightenment.

Drukpa Kunley is a Mahasiddha respected by all traditions across the Himalayas. I have heard that he is highly respected by the Gelugpas, and that in Labrang Tashi Khyil, thirteen volumes of the "Hundred Thousand Verses of Prajnaparamita" are placed on his throne in reverence, and this was treated as a place of worship until the Cultural Revolution. Drukpa Kunley has a special place in our Drukpa Lineage of yogis, joining siddhas like Gyalwa Gotsangpa, Gyalwa Yangonpa and Gyalwa Lorepa – very much like the heroes of our Guru tradition. As their followers, we have to study and enjoy their biographies, and connect with the richness of their lives and stories.

I am grateful and happy that Drukpa Kunley's biography has been so well researched, documented, and translated by Keith Dowman into English, and now into Chinese by the Samantabhadra Translation Group. This will be of great benefit for all people who are interested in the path of enlightened yogis.

With blessings,

THE GYALWANG DRUKPA

HEMIS MONASTERY
Hemis, Ladakh, India

DRUK AMITABHA MOUNTAIN
GPO 6727, Kathmandu, Nepal

PEL DRUKPA CHARITABLE TRUST
D301 Sushant Arcade, Sushant Lok-1
Gurgaon 1220011, India
Tel: 91 124 4115234
Fax: 91 124 4115235

WWW.DRUKPA.ORG
OFFICE@DRUKPA.ORG

英文版第三版序

《瘋聖竹巴袞列傳奇生平與道歌》這本書的第三版延宕了許久才出版。針對當今西方金剛乘弟子對上師流於世俗之情的虔敬心，竹巴袞列傳如今再版，似乎比一九八〇年代英譯版第一次問世時更契合時機，也可作爲有效和深奧的對治法門。雖說本書能對治佛教徒過於黏膩的上師崇拜，然而它也成爲至少一位印度教崇拜者所積極實際模仿的對象，以及西方那些冗長學術論文所研究的主題。有些人試著將此傳記拍成電影，但最終仍不免落入概念化的層次。這正說明了在喜馬拉雅或佛教的文學中，竹巴袞列的幽默、精密、深奧，無人可與之並駕齊驅。

在第一版問世之後，不丹經歷了體制上的根本改變。不丹國王爲了推行君主立憲，宣布退位並由其子繼位。嚴格的國土管制政策，或許讓該國在某些程度上受到限制，但卻不能阻止古老的喜馬拉雅王國走向現代化。即使竹巴袞列的氣質、幽默，以及對性所抱持的開放態度，至今依然留存於這個國家，但是如今，要再有像竹巴袞列這樣的大成就者出現，已越來越不可能；當然，這樣的大師要出現在西藏的機會，更是微乎其微。

針對第一版的原文我做了些微修改，但仍保留原先特殊的用語，例如：一些過時的用字、對於性部位或功能較委婉的說法、大小寫字體等，同時保留藏文音譯，如「仁波切」或「佐欽」（這兩個詞彙，雖然我認為意譯較佳，但迫於現代出版業的一致性只好作罷）❶。此外，我也在內文與注釋中，保留了一些舊式的佛教用語及大圓滿名相，好維持它們樸質且具特定立場的語調。

若此第三次將竹巴袞列如謎般甚深思想做為向西方世界的供養，能夠幫助那些藏傳佛教追隨者不再落入表面含義而免於成為宗教激進者，那麼本書便達成了一個正確的目的。

凱斯道曼

二〇一三年藏曆新年

於尼泊爾加德滿都 博達那佛塔

編按：註號○為英譯註；●為中譯註。

❶佐欽，中文書一般譯為「大圓滿」。此外，書中諸多地名、人名，或本無官方中譯，或古名今稱多有不同，為免影響閱讀而未一一標明英文拼音，僅就較有重要性或網路查不到的部分加註；寺院名稱則盡量參考目前西藏與不丹的用詞，若有未竟之處尚祈讀者見諒！

竹古確嘉仁波切前言

瑜伽士竹巴袞列是一位覺者，也是大手印及大圓滿的成就者。我很高興如今英文讀者也有機會全盤了解這位西藏大成就者的一生。這本傳記所記載的並非是杜撰小說或神話，它是眞實發生的事件。這位大師所留下的動人故事，至今仍與眾多地標、寺廟及住所相關。自從到西藏觀光變得比較方便之後，朝聖者依然可以在瑜伽士的聖地，獲得極大的加持與信心，並在東喜馬拉雅山域，找到許多屬於他的物品。這是一本能充分啓發人心的傳記。

西藏聖者傳記以三種不同的形式寫成。所謂的「外傳」，讓我們了解到聖者一生的眞實事蹟，包括他的出生地、年少生活，心境如何轉變，如何捨棄世間八法（稱譏、利衰、樂苦、譽毀），了知業力、值遇並皈依上師，修持戒律、義理與禪定，證得世俗與勝義菩提心，持守三**昧耶戒**以及圓滿密續二次第，以身、語、意證得正等正覺等。外傳的故事爲一般弟子與初學者以具體化的方式呈現上師的法教，並以常人的看法呈現聖者的生平事蹟。

「內傳」則著重內在歷程，藉由談到禪定經驗、了悟次第，諸佛、本尊、空行和祂們的淨土來描述宇宙，並透過說明脈、氣、明點來描述修道上的進展。

本書中，大部份的敘事是以「密傳」的方式寫成。在這裡，上師的生平以其圓滿事業的方式呈現，並無外在事蹟與內在心境的分別。修行的道路已經完成，上師以全然自由的態度，成就其最高目的。他毫無分別且無所禁忌或私心，為他人的生命帶來意義。之所以稱為「秘密」，乃是因為若沒有了悟上師內心的境界，就沒有辦法理解他的行為，並且傳統上，通常不會向那些修持上座部戒律或大乘利他道的行者揭露；因為上師毫無保留的行為，很可能在追隨者心中生起懷疑與恐懼。此外，之所以是秘密，之所以神秘，是因為有佛的出現，才能化解各種關於存在的似是而非且二元對立的說辭。竹巴袞列的事業讓我們了解到，三乘（上座部、大乘、金剛乘）的戒律可以毫無抵觸地融合為一。

我們必須了解到，竹巴袞列在其密傳中看待法侶的方式，如同密勒日巴看待其佛母長壽女，乃是協助他在證悟最後階段生起俱生大樂與智慧的伴侶。每當上師值遇法侶，其廣大的大樂力便能喚醒空行母的本然慧根。薩拉哈便是在那爛陀大學修習數年後，納箭工之女（一名空行母）爲明妃，並說：「直到現在，我才眞正成爲一名比丘。」

竹巴袞列的生平向我們展現了一顆解脫而自由的心，它免於偏見、喜好、成見，免於焦慮與恐懼的束縛心理，也免於情感執著與家庭羈絆的生活。透過放浪不羈、四處遊化的示現，並以自身法教而達成即生成佛，他向世人演繹了一種令人目眩神迷的純然典範與啓發。他的行爲展現了修持密勒日巴教誡的成果：若要追尋內在旅程，便應拒斥一切容易增長五毒與我執之事物，即使其外表看來爲善；反之，應修持所有能夠對治五毒、利益眾生的法門，即使其外表看來爲惡。這道理與佛法的本質無二無別。

竹巴袞列不僅受到藏人的尊崇，也受到不丹人的喜愛，後者甚至認爲他的名號與不丹的淵源大過與竹巴傳承的關係。他的行事風格、詼諧、率直、慈悲與待人方式，使他贏得了錫金、阿薩姆、拉達克、尼泊爾、庫努爾、拉胡爾，甚至整個喜馬拉雅雪域人們的心。他或許不是最偉大的學者或哲學家，但他留下的美麗動人詩歌，使他成爲最貼近平民的一位聖者，一位眾人公認與他們最親近的大成就者。對於平民百姓而言，是竹巴袞列將天界之火往下帶到人間，並成爲最貼近他們而透心透骨的人。

祈願藉由廣傳這位已達正覺之笑傲大師的生平故事，使得現今與未來無數的眾生，能因上師的修道證量而獲得啓發，令此五濁惡世轉化爲佛果的堅實堡壘。

竹古確嘉嘉措祖古

書于一九七九年藏曆土羊年二月滿月時

英譯者引文

這部關於西藏最受歡迎的聖者——竹巴袞列其粗俗又神聖的傳記，乃是蒐集流傳於西藏與不丹的趣聞軼事、文字及口耳相傳之道歌所彙編而成。它是由一位現代的不丹僧人學者，基於藏傳佛教追隨者對於重新詮釋瘋聖竹巴袞列的需求而作。此需求乃因這個快速變化的時代而起，傳統形式受到懷疑程度相當於弗朗索瓦·拉伯雷（Francois Rabelais）時代的法國❶。這部聖者傳記融合了獨特的配方：諸如對性所持的正面態度、對寺院組織與僧侶權術所具的反感，以及不受教條規範的瑜伽士生活方式。對於那些從未閱讀過正規教義的人來說，它正好是個認識傳統藏傳佛教的理想媒介。基於相信密續的重要性在修持的正式體系外還有其他重要的隱喻，也基於想要爲那些忠於傳統的人提供資訊和歡樂，我們藉此機會介紹這部「秘密」傳記給西方讀者。至今，新譯派的密續持有者，已經可以感受到對於維持密續文學隱密性的非難壓力，而舊譯派則總是對此保持較爲開放的態度。雖然我們預期會收到那些來自追隨釋迦牟尼佛「初轉法輪」部派的反對聲浪，我們仍舊期望，由這本譯作所引起對密續的關注、誤解的消除，以及開啓讀者的覺察力與啓發力等等，最終能夠爲我們平反。

拉伯雷諷刺教會的粗俗詼諧大作，反映了對衰敗傳統的不滿，而竹巴袞列對經院系統、寺院組織的抨擊，則與印度長久以來的成就者精神具有一致性。這個傳統孕育了神秘詩人薩拉哈（竹巴袞列爲薩拉哈大師的轉世），這位聖者唱出具啓發性的道歌，諷刺世人虛僞的外表、學術上的墨守成規、空洞無意義的儀式，以及自以爲是的道德觀。於此之上，竹巴袞列更諷刺了錯用與徒勞無功的禁欲行爲，濫用僧侶階級的權力，利用信徒的無明與迷信，過度重視宗教表相、財富與名聲，以及其餘種種屬於「精神物質主義」（修道上的唯物主義）的表現。薩拉哈與竹巴袞列兩位大師的作爲，目的都是要將眾人的佛性從受制於宗教組織與道德儀式規範中解放。這兩位瑜伽士，身爲絕不妥協的苦行者典範，深信全然的出離與無執，也包含放下對宗教組織的執著；唯有如此才能獲得圓滿的快樂。自十七世紀開始，西藏的紅帽派與拉薩中央統治階級之間的對抗，可視爲個人追求自身救贖與失序權力體制之間的矛盾與衝突。這種不受體制

❶拉伯雷（一四九四至一五五三）是法國文藝復興時代的偉大作家，曾為修士，後因不願服從修道院規則而放棄神甫的職務，習醫行醫後的著作曾被列為禁書，對守舊僵化的教育制度和經院哲學多所抨擊與諷刺。

約束的自由正是密續所珍視的精神特質，也是竹巴袞列在不丹所努力培養的傳統價值，一如基督教的沙漠教父（Desert Father）與伊斯蘭教的蘇菲教派。雖然如此，竹巴袞列卻從不惡意抨擊體制，他本身就是寺院教育下的產物（早期在經院系統之下成長），當然也了解到對那些中等根器，或偏好在群體當中發展靈性的人，寺院絕對是一個良好的庇護所。

情緒——尤其是欲望，不應該被壓抑，而應該被淨化。行者應該以無私的發心，圓滿三昧耶（維持究竟覺醒的誓言），而爲眾生帶來覺醒、證悟與安樂。因此，在閱讀竹巴袞列與女子之間的嬉戲情節時，應該將這樣的觀念謹記在心，那麼你就能了解這位大成就者是如何毫無過失地以善巧表達其欲望。若將上師的行爲歸咎於以好色爲出發點，將全然誤解他那充滿活力的示現。無論讀者是抱著對淫欲的喜好或厭惡的想法來閱讀此傳記，都將錯失了解一位當代偉大密續行者與密續心要的機會。無論上師的佛母是眞實人身抑或感官體驗，他將象徵男性本質的方便與象徵女性本質的明覺，善巧地達到圓滿雙運，也就是以慈悲方便喚醒了女性內在「空性」的明覺。於此雙運中，上師以佛父母壇城爲象徵而揭示了密續，性行爲只是其用來將人從無明當中解脫的眾多手段之一。這裡所指的無明是一種普遍的心理狀態，能遮蔽我們的本初佛性，使我們對於我是誰、能做什麼與不能做什麼，形成了固定僵化的思想。在大師任運自成的言行當中，蘊含了具眞實療癒能力的善巧方便，可以點醒個人了悟其存在的實相。嘲笑與辱罵是他用來打醒心智處於沈睡的人們所使用的善巧之一，並將他們從串習的桎梏中釋放。竹巴袞列與這些女性的關係，均是按照他的期望——也就是爲了達成自他俱時與相續的證悟，所決定而開展。

竹巴袞列所成就的佛果是透過一連串辛勤努力，與高度遵守聞、思、修戒律而來。他在嚴謹的西藏寺院中接受教育，遵守教法與戒律，接受來自其傳承上師眞實無誤的心性開許與灌頂。他的傳承爲竹巴傳承（噶舉四大支派之一，與寧瑪派特別親近），可上溯至帝洛巴、那洛巴、馬爾巴與密勒日巴（見附錄二），而此傳承學派，是由他的先師——藏巴嘉日於南藏惹龍創立。大師在非常年輕的時候就已證得很高的境界，超越了不同學派間的藩籬與隔閡，成爲普世的密續行者。他曾經嘲弄的哲蚌寺、甘丹寺、楚布寺，全都受到他極大的影響。在靈性開展的道路上，一開始要選擇適當的防護，就像是爲幼苗蓋上保護鋼板一般，可使其免受山羊與野兔的摧殘，但最終還是必須讓學僧獨立，不再需要群體的支持與心靈的保護，正如上師向世人所示範的那般。這種處於世間卻不執著世間，所謂「大隱隱於市」的隱修方式，就是學術經院派所難以定義的大圓滿及大手印的含義之一，而對竹巴袞列而言，則是他修行之道的同義詞。

（見第六章到第八章）

竹巴袞列不僅是一位歷史上的代表人物，在不丹，他化身爲文化上的男主角，如眞似幻地交織出無數的傳奇故事。在西藏的小酒館裡，說書人則是將他的名字與這位不怎麼神聖、卻經常出現在民間故事中示現通俗智慧的好色俗人阿古頓巴（Agu Tomba）混爲一談。但如果你仔細查探就會發現，在大量關於竹巴袞列的眞實故事中，都將他描述爲典型的瘋行者，其性格確實也符合這類神話英雄所通行的法則；而這類所謂的法則，在印度八十四位大成就者的傳奇故事中可以輕易找到，也常見於藏傳佛教蓬勃發展時期（十四至十六世紀）許多瘋聖者的故事當中，即使是在現今一些印度村民極度崇拜的瘋聖者巴嘎拉巴巴斯（Pagala Babas）身上，也可發現這類經典的性格：自在的出離、高度的慈悲、毫不拘謹、善巧地使用棒喝法、縱情大笑，此即爲這類瘋聖的獨特性格。這種居無定所、四處托鉢的生活方式，修持者包括了各式各類的人，在東方社會則是普遍都能接受的。如果說，瘋狂的定義是心理學常規上的偏差，那麼瘋聖絕對是不正常的，但如果是以終極靈性目標爲衡量，那麼毫無疑問地，我們這些廣大的群眾才是不正常的。

對於本書後半段竹巴袞列在不丹所示現的特殊事蹟，在此需要多做一點解釋。十六世紀間，居住在不丹的人民仍然相信萬物有神論，而竹巴袞列的職責與榮幸就是要降伏並消除那些恫嚇百姓的邪惡魔障。關於不同種類的魔，最好的解釋就是，它們是由各種不同的自然元素所組成，而足以影響人類心智、引發恐懼與其他本能反應的一股力量。這種力量的生起可以源自人體之內，也可來自外在。舉例而言，登山步道上的魔障，發生在許多內心充滿恐懼、極度疲憊、過度焦慮的登山者身上，而轉化成氣候嚴寒、刮風下雪、高山症反應的覺受與幻相。無論此魔是否爲崇拜者自心所幻化之虛無且不可捉摸的物體，但不可諱言地，它的確影響著他們，就好像它是眞實且獨立的存在。再舉一個例子，龍族❷可能是一種疾病與天災的潛伏力量，由潛藏的病毒、生態的嚴重失衡、地水的元素不調，與戒愼恐懼的心交雜而導致霍亂與地震。龍族有很多的形式，其特性會因爲所處位置，或不同人對它所產生的反應而改變。舉例而言，當釋迦牟尼佛在菩提樹下禪定時，干擾他的內魔，是一種「單純」的魔，也就是「害怕死亡」的魔。這種魔在人們處於沮喪衰弱的時候，會以念頭情緒與習氣的方式呈現。當巫師被邪魔附身時，則是受到黑術咒力所覆蓋。然而，竹巴袞列不只降伏了眾魔，更展現了如何將其轉變爲佛

❶藏人所稱之龍，是各種具有蛇形的衆生，其中有善有惡。

法眞諦守護者的能力。他以一支頂端狀似生殖器的木杖，或他自身的陽具（金剛杵）——稱爲「智慧焰雷」，來作爲馴化與示現神通的媒介，而其精髓乃是自心究竟且超越之覺性所具的不變、相續力量。當金剛杵揭示了空性的本質時，邪魔立即皈依於佛，而一旦上師提醒此魔應要認識其隱藏在邪惡虛幻外表下的空性本質，也就是相續本覺時，此魔隨即聽命於上師。原本敵對的元素力量與原始的恐懼，化爲兇猛的面具，擊退那個闖入實相殿堂的敵人，並讓其成爲法道上的守護者，強而有力地協助上師執行世間法。

本書的主角，全名爲袞噶列巴桑波（Kunga Legpai Zangpo），簡稱袞噶列巴，或單稱袞列。他的名號「竹巴」，代表他屬於竹巴傳承學派，並經常讓人聯想到不丹。由於他精通佛法、佛陀的法教與修行，所以又稱爲「法尊」（Chos-rje，眞諦的大師，法中之尊）。由於他身爲帶領天、人、阿修羅、畜生、餓鬼與邪魔趣入解脫道的慈悲怙主，又稱爲「眾生怙主」（'Gro-ba'i mgon-po）。由於他是佛菩薩，且身爲同時期無數弟子與往後好幾世代弟子的上師，因而被尊稱爲「喇嘛」（Lama，上師）。「瑜伽士」（Naljorpa；那就巴，在梵文稱 yogin，在現代稱 yogi）這個稱號，則說明他是一位四處雲遊修行的隱士，具有神通力並精於禪定，確切地說，「那就巴」意指「持守寧靜」、「依循眞實」，或者「陰陽合一的化身」。「大師」是成就者（Druptop; siddha）的描述，指其已然通達世俗神通並了悟究竟眞理。竹巴袞列的最後一個稱號「甲札」（Jadral），我將它解釋成「無爲」，是指安住於大手印的自在虛空中，一切作爲都是無爲而行，一舉一動都與宇宙達成和諧，因而完全不需費力或對抗，任運自成，不受限制，超越所有我們對行爲與事業的概念。另外，有三個經常被誤解的稱號，需要特別說明：「仁波切」（如意寶），是信徒稱呼上師的方式；「祖古」（Tulku，轉世）則是具有深義的超自然現實，意指佛性的化身，而在政治上的另一個含義爲某寺院名義上的領袖。「貢千」（Gomchen）這個稱號，我還無法找到一個精準的同義詞，這個稱號專指苦行修練的禪定者，他們終其一生或大半人生都待在森林深處或喜馬拉雅高山上，於出口封閉的岩洞或隱秘的茅棚中修行。

藏文文本《眾生怙主法尊袞噶列巴之傳記．見者具義大海精藏》（*'Gro-ba'i mgon-po chos-rje kun-dga' legs pa'I rnam-thar rgya-mtsbo'i snying-po mtbong-ba don-ldan*），於一九六六年由不丹專門研究竹巴袞列的學者格西札浦根敦仁欽（dGe-shes Brag phug dge-'dun rin-chen）所彙編。他在位於不丹帕羅山谷桑千確闊（Sangchen Chokhor）佛學中心裡的一處美麗僻靜住所——貢噶法林（Kunga Choling）完成這本著作。根據藏人傳統，他將完成的首稿交由學者同事修改，其中特別是拿多（Nado）、貝瑪（Pema）與袞列（Kunley）這三位洛本（Lopon，寺院師職之一）。因此，我們可以合理地相信本書所述故事於十六世紀曾實際發生的眞實性與可信度。拿多洛本同時負責後來卡林邦（印度西孟加拉）修訂版的校正工作，該版本在藏語系讀者中大受歡迎。

關於翻譯，我們期望將瑜伽士的故事比照原始文本，以方言的方式寫出，因此，我們試圖不以文言的方式呈現，而將一些較晦澀的部分，包含字面含義與言下之意都加以說明，最終以英文散文的方式寫成，而其中不免會有省略或自行發揮的部份。除了偈頌與道歌，由於其直接傳達續部的教授而需要審慎處理外，其餘的翻譯則是來自一位受過教育的在家人的理解。其中，非常感謝來自索南巴就（Sonam Paljor）對原始文本大量方言的協助。再來必須說明的是，內文中重複出現的粗俗字眼已改用較爲委婉的方式翻譯，而像空性（sunyata）以及空（sunya）這類缺乏如原文豐富含義的詞彙，則用英文大寫字母來區分，並且以語音上較爲接近的方式來陳述，唯有在原文中特別標示意思的地方才會給予適當翻譯。不丹的地名以現代稱呼爲主，並且在括弧中說明其位置。最後，若是在譯作中將竹巴袞列的雙關語、見解與幽默的精神，以及期望在佛法上傳達的多層涵義等方面，有任何錯誤的傳達，我們深感抱歉。

非常感謝格西札浦同意讓我們翻譯此書，以及竹巴突謝仁波切（Drukpa Tuktse Rimpoche，竹巴傳承嘉旺竹巴法王之上師）在拉達克嘿密寺對此譯作的鼓勵與加持。此外，要感謝位於札西炯坎格拉谷的確嘉仁波切，其身爲竹巴袞列無間斷的傳承子嗣而爲我們作序，並給予我們無價的鼓勵。友人索南巴就，這位住在加德滿都的居士，陪著我一起閱讀這本傳記；哈庫洛伊（Hal Kuloy）將此傳記介紹給我，並促成此翻譯工作；李．巴爾斯拉格（Lee Baarslag）在很短的時間內提供插圖；洛桑嘉措（Lobzang Gyamtso）、曲杰仁波切（Choje Rimpoche）、彼得庫柏（Peter Cooper）、琳達威靈斯（Linda Wellings）、內人，以及所有促成此書的人，我皆深深感謝。

凱斯道曼（Kunzang Tenzin，昆桑定津）

一九七九年於尼泊爾加德滿都

瘋聖

序幕

南無　咕嚕　貝！（敬禮上師）

法尊竹巴袞列自述：

「若說我揭露了什麼秘密，我發露懺悔。

若說這不過是癡人囈語，請從中享受。

這類的情緒感觸，此處，我全然認同！」

印度聖域成就者薩拉哈與夏瓦利巴①之化身——偉大的瑜伽士袞噶列巴帕桑波，其根本自性即爲涵攝一切之究竟實相，其善德完全成熟，不受衝動的熱情所左右，爲無量圓滿功德之佛所化現。他以卓越的善巧方便之舞遊於世間而利益眾生，示現其對「輪涅不二」②的了證，他毫無隱瞞地於眾生面前展現成就的徵兆與神通。他能洞悉幻相非真，不受任何虛僞與欺瞞所控制。由於對任何對境均能任運而爲、隨遇而安，他的心中生起了廣大無邊的虛空與自在；由於破除了一切偏執與喜好，他無有分別地平等愛待一切眾生，成爲一位出離世間、雲遊四方的行者。有緣與他值遇的人們，都會將自己對世間表相的執著，視如撕裂的破布般捨棄。

表面上來看，本傳記故事似乎是在述說一個世人的事業，但在究竟上，其乃顯現了依循經部、續部③與上師心誓戒律的內心。此白衣咒士的智慧啓示，有如滴落在具信吉祥草尖的甘露，或如一顆來自覺醒成就者如海法語的水珠，能讓我們在閱讀時於心續中種下解脫的種子。

①薩拉哈（Saraha），箭工之意，其子夏瓦利巴（Shavaripa）為一名獵人，兩位皆為印度大成就者，於八至九世紀期間修行「薩哈嘉瑜伽」（Sahaja，譯註：薩哈嘉為梵文與生俱來、自然而然之意）其道歌（caryapada，修行證量的詩句）充分顯示對儀式崇拜、沈痾經院思想的鄙視，並讚揚任何流露不受拘束、任運自成的文字與行為。

②輪迴（samsara）乃充滿迷妄與痛苦的世界，而超越輪迴而達至其寂靜的本質則為涅槃（nirvana），兩者於究竟層面而言是無二無別的，輪涅不二乃是佛陀的證悟。

③經部（sutras，常稱顯教）乃釋迦牟尼佛的公開教言，而續部（tantras，常稱密教）則包含了密續修行的秘密儀軌、儀式與修行方法。

上師將自己一生的行誼大量收錄在其文集、教言與其他的零星寫作當中，再加上一些施主信徒根據老人口述的紀錄，總集成八個章節的雜記，其副標題爲：「看著啊！笑著啊！」（Behold Her and Laugh!）

於此首先略說內容。一開始要稍微提及傳記中的「不相容」之處：要知道，油不容於水、血不容於乳、眼裡容不下一絲塵、足底容不下一根刺、過大的陽具與處子之身不合，虛假的謊言對正法無益。同樣地，如同對待腳下塵土般漠然的態度與法教不相容，因此，你必須抱持著恭敬與虔信的態度來閱讀此傳記。再來，若問及關於閱讀此傳記時的「流出效應」則是：若帶著羞赧之心閱讀，你將汗水直流；若帶著深切的信心閱讀，你將潸潸淚流；若帶著愚昧的態度閱讀此傳，你將唾涎直流；女子若帶著欲望閱讀，其清淨之蓮將受到染污；任何人若帶著邪見曲解，其靈魂將流往惡趣。同樣的，那些對密續修行道缺乏敬畏而以無知對密續妄加批判與施行禁令者，或那些無視戒律的人，則不應該閱讀此傳記。尙未知曉本初心性應以智慧與方便雙運之要來了達的人，若閱讀此傳，將對那些未經修飾的私密部位產生反感，並減損他們對佛陀法教的信心。因此，你必須確保自己並非坐姿懶散、缺乏恭敬，或恣意對那些齪言玩笑縱聲大笑；而是隨時保持覺知的心，提醒自己莫要沉溺於妄念幻想，就以清明之心，放輕鬆閱讀之。

1
成爲遊方瑜伽士
領松雀瑪自脫離苦海

射殺十惡敵之弓箭手，
破除二元習氣犬之主，
慈悲忍辱之盾持有者，
袞噶列巴足下我頂禮。

瑜伽士①（Naljorpa）竹巴袞列來自一個極爲尊貴的家族與傳承。古印度佛教眾多偉大聖者之中的佼佼者——那洛巴②，決定投生雪域，爲該地眾生闡述能顯生命眞諦與目的之法教。於蓮華手菩薩③淨土，後藏東邊靠近雅也的地方，有一座「稱願藥叉山」，越過山後，在一處叫做央陀素類鎭的地方，有一個牧民營地，裡面住了一位姓「嘉④」、名蘇波札貝的男子，與妻子瑪札達宜。於是，那洛巴進入了瑪札達宜的母宮，成爲她七個兒子中的么子。他們夫婦倆的七個兒子後來都成了令當地引以爲傲的人物，而其中這位特別受到祝福的么子，就是無比的雪域旭日，法中之尊．眾生之怙主——藏巴嘉日⑤。

藏巴嘉日生於藏曆第三繞炯的陰鐵蛇年（西元一一六一年），也就是王牛年⑥。其兄長拉本之子，生下授戒師苯大，而苯大生了多傑林巴僧給喜饒，與尊貴的居士僧給仁千。僧給仁千生下傳承第十三世的偉大的僧給嘉波，而僧給嘉波生了蔣揚袞噶僧給，後者則生下法尊喜饒僧給與勝慧菩薩的化身依喜仁千。依喜仁千生下密主化身南開巴桑，以及觀音菩薩化身喜饒桑波

①瑜伽士（藏：rNal-'byor-pa，發音：那就巴），雲遊四方的密教行者、密續的大成就者與禪修者。

②那洛巴（梵：Narotapa 或 Naropa）（西元一〇一六年至一一〇〇年），由於追隨上師帝洛巴長期且艱鉅的過程，包括經歷其師所付予的大小苦行考驗，以及修行具有大清淨力的大手印法而著稱。那洛巴為馬爾巴（西藏偉大的譯師）與阿底峽之師，其教法可歸納為那洛六法。

③蓮華手菩薩（梵：Padmapani），西藏護法，乃慈悲的化現——觀自在菩薩的形象之一，呈站立姿並手持蓮花。無論是報身或化身均為佛陀的化現，旨在教化輪迴世間的一切有情眾生。

④位於後藏地區的「嘉」氏，乃是西藏古老氏族之一。

⑤藏巴嘉日（Palden Drukpa Rimpoche），依昔多傑（西元一一六一年至一二一一年），於東藏惹龍創立竹巴傳承，其乃寧千日巴（Lingrepa）與帕莫竹巴（Phakmotrupa）的弟子。（譯註：藏巴嘉日為第一世嘉旺竹巴法王）。

⑥自西元一〇二六年開始，藏曆每六十年為一週期，每一週期稱為一繞炯。每一繞炯中的每一年以中國的陰陽、五行、十二生肖予以命名。此外，每一年還會另外給予類似「王牛年」這樣的名稱。

與侍者多傑嘉波。多傑嘉波生下地方官仁千桑波，而出生在如此尊貴家族血統的仁千桑波則娶了祜母宜為妻，並於藏曆第八繞炯的木豬年（西元一四五五年）生下法尊袞噶列巴桑波。

法尊⑦袞噶列巴極為早熟，由於對前世的完整記憶，他會模仿禪定中的瑜伽士並修習數息法（呼吸練習），且最大的興趣是修習瑜伽法。他三歲之時，便能無礙地閱讀，這些徵兆在他的家族與信眾中生起極大的信心。到了袞列稍微年長之時，父親因家族內鬥而死，他因此了悟世間無常，視親友房產如足下塵土，並決定進入佛門。他從寧英曲傑上師處領受居士戒與沙彌戒，隨後進入夏魯寺拜傑顏惹巴為師，領受比丘具足戒，接著追隨僧人索南緯帕學習密咒道的甚深密續。其後，在嘉旺．傑〔譯註：第二世嘉旺竹巴法王〕的蓮足下，領受了全部的竹巴傳承法教，這些法教匯集了其傳承始主藏巴嘉日所創的三秘密口訣⑧之所有精華。最後，在拉尊千波與其他擅長結合辯證與禪定的成就者座下，聽聞並理解所有的教義，最終獲致四灌頂⑨甚深內義的了證。此後，他持續汲取來自其他上師所傳關於灌頂、戒律與教誡的秘密寶藏。

他將一切口訣含義融會貫通而取得了證悟之鑰：「**保持覺知！看守你的心！**」。體悟此理之後，他對著佛像奉還了法衣，棄絕了經院式的瑜伽與禪定修行，選擇四處托鉢修行，並以這首道歌表達其領會：

「未能領會諸佛內義，僅是追隨法規文字又有何用？
未能獲得具格上師攝受，空有天賦才智又有何用？
未能愛待眾生如愛其子，空有莊嚴儀軌又有何用？
未知三戒⑩持守之扼要，逐一毀損又能獲得什麼？
未能了悟佛乃於自心中，又想從外獲得什麼實相？
不能保有禪定本然之流，擾動念頭又能獲得什麼？

⑦「法中之尊」（藏：chos-rje）意指如佛陀般的證悟成就，袞噶列巴桑波（藏：Kun-dga'legs-pa 'i bzang-po）乃是袞列（藏：Kun-legs）或袞噶列巴的全名。「竹巴」乃是指他所屬的竹巴傳承，而非指他屬於不丹（竹域），「竹」乃藏語「龍」的意思。

⑧三秘密口訣（藏：gdam-sngags sdong-pa gsum）是一個關於身、口、意任運清淨法門的口訣。

⑨四灌頂（藏：dbang-bskur bzhi）乃指瓶、密、慧、字四個灌頂，協助行者在觀修本尊法門中，將專注力集中於生起本尊，並在生起本尊後讓其穩固，以便修持本尊法之生起、圓滿二次第。這裡特別與外在的、形式化的灌頂區分，乃是指其真實內在含義而言。

⑩三戒（藏：sdom-pa gsum）指的是（一）上座部嚴格規範品行、身體行為的別解脫戒，（二）強調利他的大乘菩薩戒，以及（三）強調保持自心與佛陀上師合一的狀態，與其他相關戒律的金剛乘三昧耶戒（samaya）。

未按時季規律而行，你只不過是行屍走肉之傻子。
不能直觀把握證悟之見，還能從體系中尋獲什麼？
虛擲借來的光陰精力而活，這筆債要由誰來幫你償還？
未能享用粗布薄衣之樂，嚴寒受凍的苦行法又有何用？
有志者未受口訣而猛修，有如螞蟻攀上沙丘毫無所獲。
累積口訣卻未禪修心性，有如食物滿櫃但卻依然挨餓。
聖者若是拒絕說法寫作，有如蛇王頂冠裡的珠寶無用。
愚人一無所知卻終日綺語，只是將一己無明彰顯於眾。
了知法教⑪心要，盡力實修！」

袞噶列巴在二十五歲之前，已通達一切出世間與入世間的法門，掌握預知、幻化形變與神通力的成就。當他回到惹龍⑫拜見母親時，其母無法辨識竹師的成就，僅以外表的行爲來評斷他。

她抱怨著說道：「你若下定決心當個僧人，就做能夠利益眾生的事；你若打算在家當個俗人，就去討個老婆回來在家幫幫你老母。」

如今，這位瑜伽士已能依循誓言，時時刻刻引導自己將所見、所聞、所識、所觸之一切皆致力於驅引眾生於道上；由於他了知行使大悲瘋智的時機已然成熟，他便如此回答：「如果妳要媳婦，我這就去找一個回來。」

他往市集走去，找到一位白髮藍眼、年約百歲、腰桿彎曲、嘴裡無牙的老太婆。袞列開口叫道：「老太婆！妳今天一定要做我的新娘。跟我走吧！」

老太婆連站都站不直，於是袞列揹著她回家見其母親。

「阿媽！阿媽啊！」他叫道：「妳要我討個老婆回來，我現在就給妳帶回來了。」

「如果你最多只能做到這樣，那就算了！」他的母親低聲怨道：「把她帶回去，否則你要照顧她一輩子。她能做的，我都能做得比她好！」

⑪法／法教／法則（梵：dharma，藏：chos）指所有關於教導脫離輪迴、證悟佛果的法門。

⑫惹龍位於拉薩至不丹邊界的半途，為竹巴傳承主寺所在地，也是嘉氏宗族的發源地，距離竹巴袞列的出生地非常近。見附錄一之地圖。

「喔，那好。」袞列故意順從地回答：「如果妳可以代替她，我這就帶她回去。」於是，他將老婦送回市集。

在他家附近住了一位地位崇高的法台（住持），名爲昂旺確嘉[13]，他是觀世音菩薩[14]的化身，爲人正直虔誠，通達生圓二次第[15]的禪定。這一天，昂旺確嘉在某次修法的空檔想到：「袞噶列巴和媽媽的房子須要翻修，每位居士的家裡都要有一間佛堂，而佛堂裡我們可以加蓋廁所。這間廁所要蓋在哪裡好呢？蓋在房子的東邊，絕對不好看，蓋在南邊好像又不太合適，西邊有鹽井，北邊又有嗔魔作怪……。」

當昂旺確嘉陷入這樣舉棋不定的思考時，袞列從市集回來了。他的母親向他勸說：「做個好兒子就應該要像昂旺確嘉，看看他如何帶領僧眾、孝順父母，利益眾生並維持自身修行的清淨。他眞是一位世人之僕啊！」

「是啊！而妳的昂旺確嘉，連廁所要蓋在哪裡都無法決定哩！」上師大笑著說。

當晚，袞列帶著毛毯跑到其母親的床上。

「你要幹嘛？」其母問道。

「今天早上妳說會履行妻子的義務，不是嗎？」他回答道。

「你這無恥之徒！」其母回道：「我是說我可以代替她做家務事。別傻了，還不趕快回你自己的床上去！」

「你應該早上就要這樣說。」上師回答道：「現在來不及了，我們得一起睡。」

「閉嘴，走開，你這可憐的傢伙！」她咒罵道。

「我膝蓋動不了，爬不起來。妳最好還是順從吧。」他堅持著。

「就算你沒有羞恥心，」她說：「你有沒有想過別人會怎麼說？想想那些閒言閒語！」

「若妳是怕被別人說閒話，我們可以保守這個秘密。」他保證的說。

最後，袞列的母親實在找不到任何一個字來反駁兒子，只好說道：「你不用聽我的，但就

⑬昂旺確嘉（藏：Ngag-dbang chos-rgyal，西元一四六五年至一五四〇年），嘉氏宗族的後裔，有可能為竹巴袞列的堂兄，惹龍寺的法台，曾多次到不丹弘法朝聖，其制式經院的背景，正好成為竹巴袞列戲弄的對象。

⑭觀世音菩薩（藏：sPyan-ras-gzigs），「以滿含淚水的眼睛注視著世間」，四臂觀音圖像為前兩臂共持如意寶珠，後兩臂各持水晶念珠與白蓮。

⑮生起與圓滿二次第（藏：bskyed-rim dang rdzogs-rim），佛學用語，指生起壇城觀想複雜且正式的禪定過程，並且以了證其「空」的本性來進行圓滿次第。

別告訴任何人。俗話說『賣身體不用老鴇；掛唐卡不需釘子；想讓你的善德乾枯，不必拿草蓆遮烈日。』你要做什麼，就做吧！」

母親的話才剛剛落入袞列耳中，他就如水滴觸及滾燙的酥油般，立即從床上跳起來走了，不再煩她。

隔天一早，他來到市集大聲喊道：「嘿！大家聽好！如果你夠堅持，連自己的老母都可以勾引！」正當大家為此驚嚇不已的時候，他隨即轉身離去。但正因為他揭露母親在性格上的隱藏缺失，母親的罪業及痛苦煩惱盡除，爾後，其母以圓滿壽命住世至一百三十歲。

這個事件過後不久，袞列稟告母親他要前往拉薩，以瑜伽士的方式雲遊各地。

隨後，眾生怙主法尊袞噶列巴如居無定所的瑜伽士遊歷至拉薩。整個拉薩市集裡的人潮，就像夜晚的繁星般擁擠。在那裡，他看到了印度人、中國人、尼瓦人、拉達克人、蒙古人，和來自藏北高原、康巴、前藏、後藏的藏人，以及來自達波、工布、喜馬拉雅山區和各山村的人等。在這些人當中，有牧民、農人、上師、官員、僧人、女尼、瑜伽士、信徒、商人與朝聖者，全都聚集在這座聖城之中。

「大家聽我說！」上師大聲叫道：「我是來自惹龍的竹巴袞列，今天剛到貴寶地，我將無不偏私地利益你們。來！告訴我，哪裡可以找到上好的酒⑯？哪裡可以找到最美麗的女子？」

語畢，群眾紛紛譁然，彼此竊竊私語道：「這個瘋子嘴裡說要利益眾生，竟開口要喝酒跟找女人！這是哪門子的虔誠？他應該要問：哪裡有最令人敬重的上師，最棒的寺院，哪裡的佛法最興盛。他這些都沒問，肯定是個假上師，像魔鬼那樣以佛法之名行誘拐女子之實！」

人群之中，有一位男子皮膚蒼白、面色如碳、頭形如鐵匠的榔頭，雙目凸出、目光呆滯，雙唇似羊腸、前額像倒置的缽、脖子細長如馬尾卻長了一顆巨大的瘤。他向上師大聲叫囂道：「你這蠢蛋！你自稱是人，肯定是個無家可歸的人；你自稱是鳥，卻無木可棲；你自稱是鹿，卻無林可居；你自稱是野獸，卻無巢無穴；你自稱是信徒，卻無宗無派；你自稱是僧人，卻無寺無院；你自稱是上師，卻無法無座。你這個惹事生非、夜郎自大的乞丐！你白天挑蝨子，夜晚酒醉調戲別人的老婆。你根本不是什麼聖賢，如果是的話，就該有個傳承，告訴我們，你來

⑯以青稞、小麥、米或小米煮熟後，加入酒麴發酵，再以水中和、過濾完成的低度釀酒，在整個藏區是普遍可見的日常飲食與酒精飲品。

自哪個傳承？」

「嘿！你這隻瘋狗！給我安靜坐下！」衰列回聲大叫：「你想知道我的出身？你想知道我的傳承？聽著，我會告訴你。」⑰

「乞丐傳承眞尊貴，
傳承金剛總持也！
乞丐上師眞尊貴，
上師吉祥竹巴也！
乞丐本尊眞尊貴，
本尊勝樂金剛也！
乞丐空行眞尊貴，
空行金剛亥母也！
乞丐護法眞尊貴，
四臂瑪哈嘎拉也！」

當他唱完偈頌後，那個批評他的人悄悄走避。此時，一位從拉薩來的老翁從人群之中站起來，向上師頂禮後，唱出這首歌：

「吉祥竹巴袞列尊！
吾人乃從拉薩來，
拉薩美女天下聞。
一一名之難盡數，
但有絕妙者如下，
帕桑菩提、旺秋策旺桑波，
格桑貝莫、喜笑僧給嘉莫，
索南卓瑪、妙舞確吉旺莫，

⑰以下偈頌揭示了竹巴袞列了證的極大力量與深度，其修證之力來自四個根本，分別為：上師第二世嘉旺竹巴法王（昆噶帕覺，西元一四二八年至一四七六年）；本尊勝樂金剛，同時也是噶舉傳承的主要本尊；空行母或說其陰性本質、圓滿覺性則是金剛亥母；而其護法則為四臂瑪哈嘎拉。

拉薩之光東阿宜，
其他美女難盡名，
拉薩美酒可盡嚐。
敢問瑜伽士，您可滿意否？」

袞列回答：「看來拉薩盡是美女與好酒。我會找時間到你的城裡一遊！」此時，一名從薩迦來的老者站了起來，如是唱道：

「吉祥竹巴袞列尊！
吾人乃從薩迦來，
薩迦女貌美名揚。
一一名之難盡數，
但名其中最妙者，
阿薩貝莫、少女噶宜、布莫安竹，

拉確旺莫、阿薩策仁卓瑪，
德宜薩東、達薩揚宜，
除此尚有難盡數，
薩迦亦有醇佳釀。
敢問瑜伽士，您可心動否？」

「好！好！」上師說：「有一天我會去薩迦。」
然後，一位來自拉達克的老朽站起來開口道：

「吉祥竹巴袞列尊！
吾人來自拉達克，
因有曼妙女爲榮。
若問其名吾道之，
策旺拉敦、少女確吉，

高原姑娘阿桑布莫，
拉奇菩提、阿努阿宜，
噶瑪德千貝莫與索南嘉莫，
此僅吾可憶名者，
醇酒佳釀亦可得。
敢問瑜伽士，前來一嚐否？」

「好！好！」瑜伽士說：「有一天我會去拉達克。」

接著，一位不丹的老婦人，站起來說：「你們藏人話太多了！這位瑜伽士的名字是竹巴⑱袞列，不是吐蕃袞列！」接著，她唱出這首歌：

「吉祥竹巴袞列尊！
吾人乃從不丹來，
窈窕淑女滿城廓。

一一名之，難盡數，
但有佳人名如下，
滓且空行母祜宜帕莫，
貢域薩佛塔空行母阿總女，
帕章壘谷空行母南卡卓瑪，
壘原空行母帕桑菩提，
旺域的跋帕薩空行母秋準，
帕羅空行母寧達塔巴上師之女桑天澤莫，
薩瓊西喀登空行母嘉總女……
有名者如上，無名者難數，
瓊漿玉液吾亦有，
敢問瑜伽士，中意不丹否？」

⑱這位不丹婦人以竹巴為雙關語，暗指竹師屬於不丹（竹域）人，而非原意之竹巴傳承。

「好！好！」瑜伽士說：「有一天我會去不丹，品嚐你們的美酒，並一親美女的芳澤！」

最後，一位來自工布的老婦人唱道：

「喔！吉祥竹巴袞列尊！

吾人乃從工布來，

共有麗人名如下，

拉秋貝莫、少女帕桑，

寧千嘉莫、策旺嘉莫，

定津桑莫、策滇拉莫，

與童女松雀。

有名者如上，無名者難數，

上善玉液吾亦有，

敢問瑜伽士，一訪工布否？」

「好！好！」瑜伽士道：「看來就連工布也是滿城佳麗，不能光說不練，一定要親眼看看才知道，特別是那位叫松雀的少女，她幾歲了啊？」

「十五歲。」工布婦人回答。

「那我得趕快去，免得太遲了！」上師說：「大家保重！我現在要去找松雀瑪！」

當上師離開聶榮啓程前往工布（拉薩東南方的一省），途中遇見五位女子。她們問道：「你從哪裡來？要往哪裡去？」

「我從後面來，要往前面去。」他笑著回答。

「請回答我們的問題。」女子們央求：「你爲何而來？」

「我在尋找一名十五歲少女，」上師告訴她們：「她有著白皙美麗之肌膚，柔軟絲滑之身軀，舒適性感緊實之蓮，面帶喜，顏如玉，氣如蘭，具有敏銳洞察力等一切空行母⑲的特質。」

⑲空行母乃圓滿覺性的體現，可能以惡意忿怒相或莊嚴伴侶相，以淨相或女性化身出現而與大成就者相遇，給予全然覺醒的神通事業加持。鄔金乃是空行母之剎土。

「我們不是空行母嗎？」女子們問道。

「我懷疑。」上師回答：「你們看起來不像，但是空行母也有很多種類。」

「有哪些？」女子們問道。

「有智慧空行母、金剛空行母、珍寶空行母、蓮花空行母、事業空行母、佛陀空行母、食肉空行母、世間空行母、烏炭空行母等等。」

「要怎麼辨識她們？」女子問。

「智慧空行母，身色潔白、面帶喜色，散發熾然光芒。」上師告訴她們：「髮際線有五白痣，清淨、善良正直、具大悲心與虔敬心，此外，她身形美好，與之結緣能帶來此生安樂，並確保來世永不墮地獄道。」

「佛陀空行母，身色青藍、笑容燦爛，少欲、長壽、多子，與之結緣能長壽住世，往生鄔金淨土[20]。」

「金剛空行母，膚若凝脂、身形豐腴、眉似新月、音色優美、能歌善舞，與之結緣能為此生帶來順遂，來世投生天道。」

「珍寶空行母，面色白裡透黃，身形高瘦纖長，髮白、腰細、少我慢，與之結緣能為此生帶來富貴，來世不墮地獄道。」

「蓮花空行母，面色明亮透紅，油光溫潤、四肢短小、臀圍寬大，多欲又絮聒，與之結縭能子孫綿延、伏人鬼神，不墮惡趣。」

「事業空行母，面色青棕、額頭寬大、殘酷成性，與之結縭能抵禦嗔敵，不墮惡趣。」

「世間空行母，面容白皙、巧笑倩兮，友愛父母同伴、信實慷慨，與之結縭能家族興旺，財富衣食無虞，確保來世投生於人道。」

「食肉空行母，膚色黝黑、身無血色、嘴大齒暴，額間有第三眼印，雙指如獸爪、會陰如黑心，喜食肉、食其子、夜不眠，與之結縭將短壽多病、一生困頓，來世墮金剛地獄。」

「烏炭空行母，身黃帶灰、皮膚鬆垮，以灶內灰炭為食，與之結縭將陡生痛苦與耗弱，來世墮餓鬼道。」

---

⑳ 鄔金在地理上位於巴基斯坦的斯瓦特河谷（Swat Valley），為空行母與密續本尊的成就剎土。空行母與本尊乃是佛身的兩面體現（智慧與方便），而其雙運的形象則展現為佛父母尊（藏：Yab-Yum），透過雙運能引生靡堅不摧的明覺，進而摧毀一切無明與煩惱迷妄。

「那我們是什麼樣的空行母呢？」女子們熱切地問道。

「妳們種類不同。」上師回答。

「我們是哪一種？」她們緊接著問。

「妳們貪婪卻無財、貪色卻無伴。就算找到一些蠢蛋願意娶妳們爲妻，也無法從妳們身上獲得什麼啊！」

女子們聽聞上師的話後，大爲光火，氣得掉頭離去。

自此，上師隨身帶著象徵智慧與方便[21]的一弓一箭，用以射殺十方十敵[22]，並且領著一隻能消滅二元思惟習氣的獵犬。他的長髮向後紮起，雙耳戴有大圓環，上身穿著背心，下身披著棉裙，以此形象遊歷四方，教化世人。

上師抵達工布山谷時，坐在首長牛頭的住所前，背倚在一根懸掛經幡的旗杆上，在確定四下無人之後，唱起這首道歌以喚醒松雀瑪：

「繁榮富足之衛藏樂土裡，

受困輪迴㉓堅實牢籠中，
年輕處子松雀你！
暫且歇息聽我言，
這位雲遊四方的瑜伽士，
將娓娓道出隱喻之詩句。

廣大青蔥之蒼穹夜空下，
皎潔滿月的明燦光芒，
能驅散眾生蒙暗。

㉑智慧與方便（藏：shes-rab dang thabs）乃佛身的兩面體現，兩者雙運的形象則展現為佛父母尊，能引生靡堅不摧的明覺，因而摧毀一切無明與煩惱迷妄。

㉒十敵（藏：shing-bcu），隱藏在世間有情心中有毒的、遮障的墮毀力。

㉓輪迴，指不斷流轉於情緒迷妄的世界中。

蝕月天龍星肯定多猜忌！
且令其免於猜忌與嫉妒，
好讓我遣除四大洲晦暗。

淨土般的美麗花園裡，
萬紫千紅開滿了庭院，
散放鮮紅光芒之花朵，
富含花蜜供蜂兒汲取。
乾旱冰雹肯定是嫉妒！
且令其免於猜忌與嫉妒，
好讓我獻供予三寶。

前藏之中央，
工布之首府，

工布之子嗣，空性所生的松雀瑪，
若我倆之身因愛結合，
那老牛頭肯定會嫉妒！
且令其免於猜忌與嫉妒，
好讓松雀逐漸覺醒終而獲證佛果。」

當時松雀正在爲首長奉茶，而她將上師的道歌聽得一清二楚。當她抬頭望向窗外，正好看見這位乞丐倚著牆，一如十五升起的滿月般明亮，內心立即生起了無比的虔敬心。雖然她從未見過竹巴袞列本人，卻聽聞過其偉大成就與通達各種神變的本事，她認出上師並向上師回以此首詩歌：

「坐在山谷寬廣綠地之乞丐，
盈月般的乞丐，聽我訴說！
你的灰炭身隱藏著佛陀心，

你的赤裸身散發吉祥光輝。
肩上背負忍辱之盾甲，
攜帶智慧方便之弓箭，
領著驅除煩惱之獵犬。
以苦行瑜伽教化三界㉔，
你是具變幻力的惡魔，
還是現神通之成就者，
莫非我眞好運遇上耶！

若你確實已出現，
且看鐵匠砧板上的這個可悲鐵塊，
任由鐵匠捶打、
鐵鉗控制，無法掙脫。
若你眞是善巧工匠之子，

莫棄我於鐵砧上，
將我製成覺沃寺㉕門鎖，
令鐵之業力盡除，
願我證得正菩提。

且看門檻這只最卑微的木頭，
任由豬狗踐踏、
門柱控制，無法掙脫。
若你真是善巧木匠之子，
莫棄我於此門檻，

㉔三界（藏：khams gsum）乃是欲界、色界、無色界，為世間有情存在的三個範疇。
㉕覺沃寺（Rasa Trulnang）位於拉薩，寺內供奉西藏最神聖、古老的釋迦牟尼佛像——其外形為毗盧遮那佛，這尊佛像乃是七世紀時由尼泊爾國王〔於赤尊公主出嫁時〕送給松贊干布王的嫁妝。據傳竹巴袞列圓寂時即是化入覺沃佛像的鼻孔之中。

將我製成覺沃寺的門楣，
令木之業力盡除，
願我證得正菩提。

且看這位最不樂之女子松雀！
牛頭摧殘令我無法承受，
世間執著箝制我，
若你眞爲佛上師，
莫棄我於輪迴沼，
讓我永遠追隨你，
令松雀證得菩提。」

袞列與松雀彼此互訴著道歌，這時候牛頭聽到了，說道：「那是在唱什麼？」松雀立刻本能地以機智回答：「主人，門口有一位音色優美的乞丐，對我捎來好消息。」

「面如皓月的乞丐倚著一根旗杆……」

「他對妳報了什麼消息？」他問。

「今天獵人們在山裡宰殺了一些牲畜。」她答道：「如果你親自去取，在肉還沒被分完以前，或許你可以分到上百塊的肉腔，幸運的話，甚至你這輩子都不愁沒有肉配糌粑㉖。」這話聽到首長耳裡，如同沙漠中的甘霖。「這樣的話，速速幫我備妥七日糧食以及三十名隨從。」他下令道。

松雀立即遵從所言。在首長離去後，她延請上師進入大廳，並準備奉茶款待。

「等等再幫我泡妳那些普通茶，」上師說道：「先幫我泡這一道特別的，我自拉薩起，一路上就帶著它，現在正是時候，快！」說著，執起松雀之手，將她放在首長床上，掀起其長袍，凝視著她的下壇城。他將陽具緊靠在如凝脂般柔軟之雙腿間，那覆有細毛的蓮花壇城上，在上師發現倆人心意緊密相連後，他圓滿地完成了雙運。其後，他給予她更多從未經歷過的大樂與滿足。

「松雀啊，現在你可以送上妳的茶了！」上師說道。松雀爲竹師奉上熱茶、第一道萃取的好酒、肉與糌粑等一切上師所欲之物。最後，上師起身準備離去，他說：「松雀，妳最好留在此處，我現在必須離開。」

松雀以無二的信心，向上師頂禮後，懇求道：「切勿棄不幸之女於此亂世中，帶我一起走吧！」

「我沒有時間留下來，」他告訴她：「不過我會記得妳，並且再回來的。」松雀不斷懇求。他警告的說道：「既然妳不願意留下，那就把這個記好：瑜伽士的心反覆無常，有如瘋子的幻想、遠方的傳言、蕩婦的屁股一般。如果我把妳拋在大樹下、岩石旁，妳會願意留在那裡嗎？」

「我會遵從您所說的一切。」松雀誓言道。

於是，上師明瞭此爲宿緣後，便帶著她起身同行。

兩人來到一座黑暗的岩洞，洞口外形好似一頭獅子斜倚在山谷的上方，上師對松雀說：「松雀，妳必須在此停留三年。」

「我害怕這個地方。」她低聲說道。

「那就停留三個月吧。」他折衷地說道。

「您曾允諾無論到哪裡，都會帶著我。」她哀訴著。但最終，爲了信守最初的諾言，她同

㉖糌粑是以青稞粉翻炒而成的食物，與熱茶合食或拌入酥油揉合成團而食。糌粑與青稞酒都是藏人的主要飲食。

意在此停留七日。

「如果感到害怕，就進到洞裡，我會把洞口封起。」他這樣說著。於是，上師將松雀留在岩洞裡，在洞口築了一道牆。松雀在上師離去前，唱出此歌：

「聽著竹巴哀列！
鴻毛隨風飛起，
飄落來到枝頭；
莫怪微風拂拂，
只因鴻毛輕緲！

枯木順水漂流，
沈浮流水之間；
莫怪江水悠悠，
只因枯木無重！

松雀生於工布，
悲傷身處岩洞，
莫怪汝哀列尊，
只因吾心軟弱！」

「我不要聽妳自怨自憐。」哀列告訴她：「在我離開後，白天會有天人與空行母與妳爲伴，夜裡，油燈與熏香可以使妳平靜。妳必須經常不間斷地向我祈請並修行。」叮囑之後，上師留下松雀，啓程前往桑耶。

松雀以喜悅之心結合上師的慈悲與自身的虔敬，因而感到法喜充滿。在白天裡，融入天人與空行母的法音，夜晚裡則汲取熏香的氣息與酥油燈的光輝。她在岩洞裡的前三日，絲毫不曾感到饑餓，並在第四日的黎明時分，於虹光身㉗中從一切障礙中解脫，證得圓滿佛果。

㉗在成就超越四禪定（梵文：dhyana，靜慮）的佛果之後，物質的身軀化入光明當中。

2

爲利衆生而至桑耶與拉薩

赤裸無偽毫無染污之覺醒，
全然無執著於心念與對境，
以其瘋智調伏頑強與無信，
以諸感受領眾生至解脫海，
竹巴袞噶列巴足下我頂禮。

法尊竹巴袞列從工布來到桑耶寺①。他抵達的時候正值桑耶寺的年度盛大宗教慶典——經藏節（Dodechopa，多德曲巴）②。來自全藏各地的上師、學者、瑜伽士、堪布、僧侶及在家眾等，幾乎整個藏域所有受過教育的人全都聚集在此，以其各自信解之法行，於此進行大禮拜、繞轉佛塔、酬補誓言③、驅邪禳魔④或回遮⑤等儀軌。

「大家似乎都在做著各自的法行，」袞列說：「既然我也是個佛子，應該要加入他們的行列。」

「你會什麼儀式？」其他人問。

「若要對諸佛護法獻薈供⑥，我沒有適當的法器，要做大禮拜或繞塔的話，我又太懶。那麼，我就來做個即興的酬補誓言好了。」隨後，他頌道：

「樂空無別之本智，使上師本尊誓言修復❶；

---

①桑耶寺，位於拉薩南部，西藏的第一座古寺，於西元七四九年由赤松德贊王起建、蓮花生大師以壇城為概念所設計。

②多德曲巴（藏：mDo-sde-mchod-pa），寧瑪傳承年度經藏供佛節。

③誓言酬補儀軌（藏：bskyang-bso），以儀軌修復行者對與三根本合一之三昧耶戒的毀損，並修復由蓮花生大師所降伏之邪魔的過往立誓。接下來的儀式為上師詼諧的改編版。

④驅邪禳魔儀軌（藏：mdos-rgyag），將遭受邪氣干擾的個體所要驅趕的魔攝入替身鬼俑中，並在儀式過後將替身鬼俑破壞，藉此將魔障困在鬼俑中以驅除。詳見第四章。

⑤此回遮邪魔、違緣、惡力的儀軌（藏：bzdog-pa）分為兩個部份，較高層次為遣除道障，驅除大成就者在成佛道上的障礙，較低層次為誘使世俗及神通力量協助行者獲致成就。

⑥薈供（藏：tshogs-'khor，梵：ganachakra），用以酬補壇城的各個組成元素——特別是護法，使他們成為成就者佛行事業的助緣。

❶意思是「使〔行者與〕上師、本尊〔之間的〕誓言修復」。

十敵毀誓者命力，使伽藍護法⑦誓言修復；
三白三甜⑧清淨供，使護法天母誓言修復；
食子熏香醇酒供，使摩羅戰神誓言修復；
千供百供妙物供，使私欲上師誓言修復；
餽贈僧院功德金，使俗眾徒侍誓言酬補；
諂媚奉承笑容供，使無信仰僧誓言酬補；
不供喪筵予僧眾，使年邁衰者誓言酬補；
兩三倍財供法台，使寺院掌堂誓言酬補；
滔滔不絕之空談，使學者抱負誓言酬補；
愚人盲修與妄想，不聞法貢千⑨誓言酬補；
挨户敲門引狗吠，使穢言乞丐誓言酬補；
少年貢千熾然笑，使出家女尼誓言酬補；
喪筵奉茶慷慨送，使放逸禿僧誓言酬補；
表面之阿諛奉承，使政客上位者誓酬補；

無誠無信之承諾，使無恥奴僕誓言酬補；
不毛之地欠收成，使農奴苦役誓言酬補；
滔滔之馬耳東風，使嘮叨家長誓言酬補；
醉漢之瘋言醉語，使懦弱青年誓言酬補；
王府官家不義財，使狡猾官員誓言酬補；
白糖酥油甜滋滋，使肥胖阿媽誓言酬補；
可轉可賣之家產，使酒醉阿爸誓言酬補；
玩屎把灰無分寸，使寵溺子孫誓言酬補；
單身男子不節制，使不知足女誓言酬補；
貪吃又會找藉口，使大腹胖子誓言酬補；

⑦伽藍護法（The Guardian Protector），能破除十方諸敵等毀誓者，引領他們成為眷屬。
⑧三白三甜：凝乳、牛奶、酥油，糖漿、蜂蜜與蔗糖。
⑨貢千（藏：sgom-chen），長期待在洞穴或關房中修習禪定，由尼師照料起居的苦行者或隱士。

冷淡茶葉酸口酒，使饑餓之意外訪客誓言酬補；
高山吹來之微風，使織布女之休工心誓言酬補；
生冷無味之蘿蔔，使奴僕雇工誓言酬補；
陶壺表面塗上漆，使破陶工匠誓言酬補；
鼻涕膿痰與黏液，使痰盂工匠誓言酬補。」

人們聽聞此偈頌後莫不驚訝萬分。這時，一位從康區來的老人，以充滿敬畏與虔誠的心向大師頂禮。他請求道：「珍貴的法尊，您的字字句句是這麼地充滿加持力啊！不知道您是否可以爲我們再持誦一首平息惡緣與回遮障礙的儀軌呢？」

上師應允後，唱道：

「吙！具無上功德之正等正覺佛陀，自無量空性幻相中所生，
請受我命之獻供，平息諸心思妄想！
貪執世間懷野心，一切上師之禍根，禪修萬法淨相破除之。

「他以瑜伽士樣貌遊歷至拉薩……」

弟子擁有情婦多，上師破財之惡兆，分處不同居所回遮之。
竊取公共財而食，墮地獄道之惡兆，看守自身欲望回遮之。
大殿中呼呼而睡，墮畜生道之惡兆，盡力掃除懈怠回遮之。
過度貪愛眾女子，縱欲老朽之毒藥，當以維持自制破除之。
借貸他人而盈利，法道僧人之險境，當以知足無欲回遮之。
我慢驕矜以說法，學者上師之短處，當以謙卑調柔回遮之。
女尼甜美之笑容，諸般貢千之煩惱，當以克制自心回遮之。
貪愛華美之珠寶，所有女人之毒藥，破布衣衫搭配破除之。
上師碩大之陽具，出家尼眾之煩惱，大聲喚醒同伴回遮之。
父不詳之私生子，各類娼妓之命運，當以遠離娼客回遮之。
徒然積聚之財產，一切富人之惡兆，布施參贊廟事回遮之。
態度傲慢之將領，戰敗沙場之惡兆，信仰有力戰神回遮之。
鑿石挖地建堡壘，絕子絕孫之惡兆⑩，修持大力護法回遮之。
阿媽過長之指甲，阿爸腎子之不幸，當以小刀修剪回遮之。

阿媽灶炭裡木條，阿爸手中成危害，搶來投入火中回遮之。
眼角上揚不言語，煽動阿爸之怒火，長久忍受痛苦回遮之。
借貸無度量難數，貧困窮人之禍患，當爲富人做工回遮之。
酒鬼阿爸醉醺醺，此爲全家之不幸，阿爸看顧自心回遮之。
咳嗽與陽具勃起，妨礙自他之睡眠，食蒜頭與辣椒回遮之。
強盜與土匪賊幫，富人潛在之惡兆，當以慷慨布施回遮之。
毀誓破戒之僧人，造成寺院之麻煩，當以驅逐禍源回遮之。
餽贈廟宇畸零地，施受雙方之爭擾，當以維持友好回遮之。
腐敗發酸之劣酒，肚裡腸胃之危害，服用熱湯藥品回遮之。
貧嘴綺語之婦人，鄉間鄰里之瘟疫，當以避不交談回遮之。

夜半阿爸長嘆息，阿媽同時還呻吟，

⑩這裡或許是隱喻堡壘不為人知的秘密，古代軍閥有殺害建造堡壘工人的習俗。

機靈小孩醒來咯咯笑，搖籃裡的嬰兒啕啕哭，
阿爸阿媽在辦事，那就給孩兒一點果仁吃吧！

酒一喝了尿就多，忍住不尿就滴門檻上，
手一壓就流鼻涕，量大滿溢就咳嗽狂噴，
直到痰盂滿溢出，穢物觸怒龍族眾⑪，
全家感冒生瘤又長膿，那就焚香潔淨回遮吧！

手沒洗就揉麵團，只顧揉麵不顧菜湯滾，
菜湯焦黑竄濃煙，煙霧灰燼飛了滿屋間，
賓客嗆到淚直流，小孩餓到哇哇哭，
阿爸搞不定，阿媽看了只能鼻摸摸，早早起床做飯回遮之！」

唱畢，在場的群眾莫不面面相覷，不敢作聲。一些無知且頑性堅強的人則開口說道：「這

個蠢蛋瘋子在胡謅什麼？根本就沒有這種回遮方式！他根本就是在胡說八道！」但另外一群稍有智識、看來像宗教學者的人則向大師頂禮，他們說道：「竹巴袞列的障礙回遮法，或許聽來像是平凡人的奇異妄想，但其實卻是在教導我們要對意識之流中所生起的任何念頭毫無執著。」之後，他們皈依於上師，那些以虔敬心合掌的人，內心莫不充滿了信心。

眾生怙主法尊袞噶列巴展現其多變的神通力，瞬間即抵達拉薩，在那裡遇上一群來自工布的商人，運了一些銅矛要來拉薩做買賣。

「給我一支矛吧！」上師向領頭的人說。

「行！我給你。」商人語畢，取了一支矛抵在上師的胸口。「我冒了生命的危險，才把這些矛運來這裡，爲何要平白送人？」

「且讓我們看看你的無明之矛，與我的本智空性之矛，哪一個比較厲害！」上師這樣說後，便一手抓住原本抵在胸口的矛頭，如橡皮筋一樣地將它打了個結。

---

⑪污染的水源、髒亂的環境將激惱屬於地與水元素的龍族（藏：klu，梵：naga）散播疾病、天不降雨或招致水患。

「你若不是妖魔鬼怪，就是位偉大的成就者。」領頭的人嚇壞了，說道：「告訴我們你是誰？」

「你認爲我是誰，我就是誰。」衮列回答：「對我來說沒差。」

「您一定是位大成就者，」另一個商人說道：「請原諒我們如此冒犯，竟然說您是妖魔鬼怪。來吧！請取這一整車的矛，來交換那支被你打結的矛。」

衮列將銅矛交還給他之後，就消失了。

後來，聽說有位康區的首長用二十一個村子換得那支打了結的銅矛。

這時，仁蚌⑫的首長邀請上師拜訪，以試探他的神通力。上師應允，來到首長住所的大門前，官員請上師稍等，他先把看門狗拴好。衮列不理會，逕自往裡面走去，這時兩隻巨型獒犬一黑一白朝著上師衝來，上師舉起手中的柳條朝兩隻狗的背上打去，猛力將兩隻大狗一分爲二，斷成了兩截。「全黑和全白的狗是要幹嘛？」他說著，於是把黑狗的前身接上了白狗的後身，白狗的前身接上了黑狗的後身，並且讓兩隻狗完好無傷地站了起來，接著，兩隻大狗就像小狗那樣繞著院子互相嬉戲。

許多人出於好奇全都靠了過來。上師說道：「與其無所事事地站在那裡看我表演把戲與胡言亂語，倒不如多念一點嘛呢唄美咒。」語畢，便開始跳起名爲《勸人恆觀無常》之嘛呢舞：

「吙！眾天與世人聽我道！
凡已獲致人身者，
若能言：『謹記吾終須一死』，
乃得諸佛聖法道，
又能言：『聖法教已然顯現』，
將能翻轉遮輪迴。

仰望午日之蒼穹，
大鳥百隻小鳥千，

⑫仁蚌（Rimpung）為拉薩南方的一個要塞堡壘，在十六至十七世紀時期，仁蚌家族曾統治中藏一段時間。

知其無論飛多高，
均朝死亡城飛去，
吾等終須一死別，
何時何地不可知，
應皈慈悲大怙主⑬，
持誦六字大明咒：
嗡嘛呢唄美吽⑭！

俯看江水之深處，
大魚百隻小魚千，
知其雙目金光閃，
均朝死亡城游去，
吾等終須一死別，
何時何地不可知，

應皈慈悲大怙主，
持誦六字大明咒：
嗡嘛呢唄美吽！

且看周遭世間牢，
四洲人與四足獸，
知此需作吐納者，
無有老少先後序，
均朝死亡城邁去，
吾等終須一死別，

⑬ 慈悲大怙主（藏：Thugs-rje chen-po），具十一面與千手千眼的觀世音菩薩變化身，因觀世音菩薩曾誓言救度一切眾生脫離輪迴之苦惱卻不能償願，而由阿彌陀佛施法所變。

⑭ 嗡嘛呢唄美吽（梵：OM MANI PEME HUNG）為藏地怙主—觀世音菩薩之心咒，其文字為梵音轉寫。

何時何地不可知，

應皈慈悲大怙主，

持誦六字大明咒：

嗡嘛呢唄美吽！」

上師邊唱邊跳，還邀請首長與其官員站起來一起跳。當時，眾人莫不感到信心十足，並對世間執著感到極度的厭離。首長立刻奉上金庫鑰匙給上師，並堅持要上師隨其所欲取用。上師開啓金庫入內後，看到金庫的一邊堆滿金條，另一邊則堆滿銀塊，而鑲有珠寶的首飾則於滿室堆積如山。他在自己身上掛滿金條、銀塊與珠寶後，在腰間纏上一條白色哈達，跑到外面向眾人展示。之後，他取下身上的華麗穿戴歸還首長，但首長卻堅持上師保留這些財寶。

「你無法帶走它的！」上師道：「片刻的享有，即已足夠。來！且聽我的道歌！」

「噶舉如父上師⑮，請置吾眾於大樂浪中！

金銀財寶乃如幻之樂，

失去財富乃如幻之苦，
皈依於無財無產者吧！

美色伴侶乃如幻之樂，
愛侶別離時看似爲苦，
皈依於無友無眷者吧！

得珍人身乃如幻之樂，
空手而歸時看似爲苦，
皈依於暇滿之眞義吧！

財富地位乃如幻之樂，

---

⑮金剛總持（藏：Dorje Chang，梵：Vajradhara），噶舉傳承之根本上師，藏巴嘉日則是普賢王如來的化身。

遭人奪取時看似爲苦，
皈依於無量布施者吧！

人生得意乃如幻之樂，
死時身心離看似爲苦，
皈依於求取恆時大樂吧！

在他唱完道歌後，現場群眾全都生起無比炙熱的信心與虔敬心。首長說：「瑜伽士怙主！雖然知道您心喜於精神上的供養，但還是請您接受這些上等的青稞吧！」

上師接受了青稞後，離開了首長家，並到最近的村落裡找了一間酒館休息。酒館的老闆娘和女兒，誤將上師當作是從工布來的貪杯僧人，便要求以歌換酒。因此，上師對她們唱了這首歌：

「眾生需要的是涅槃⑯；

個人需要的是獨立；
世人需要的是財富；
姑娘需要的是驢鞭；
老婦需要搬弄是非；
老朽需要多子多孫。
無求布施就是大方；
遠離貪婪就是財富。
我乃無爲袞噶列巴—
而妳們母女倆個人，
就是我大方功德主！」

眾人爲上師不斷獻酒，讓上師無量盡飲，最後上師對現場民眾唱起這首歌：

⑯涅槃（梵：nirvana），在此段文中指的是從生死流轉及心續流轉中解脫。

「山丘之上盡樹林，家裡柴火卻缺無；
大江之水滾滾流，釀酒之水卻缺無；
滿城皆是好青稞，免錢一杯卻缺無；
滿市盡是俏姑娘，一親芳澤卻缺無；
古老正法傳遍土，智慧知識卻缺無。」

上師在唱完這首道歌後，便離開了村莊。

「現在是尋找帕桑菩提的時候了！」上師心裡這樣想著，便啓程前往拉薩。途中，他遇到幾位女孩唱著這首歌：

「藏地之心前藏也，
佛法之心拉薩城，
遍智諸佛駐錫地，

轉動法輪於此處。」

「我現在要跳個舞，」上師說道：「你們要跟好我的動作！」接著，他這樣唱了起來：

「清淨源泉，源泉清淨，
劍兒搖擺，前搖後擺，
石兒推擠，互相推擠，
頭兒抬起，驕傲抬起，
緊緊抓住，抓住緊緊！」

「我們才不跟你這種人廝混！」女孩們說。

「是啊！是啊！」上師回答。「如果我們不合，那麼我留在此地也沒用！」說罷，便繼續往帕桑菩提的家走去。

上師抵達時，見帕桑菩提正站在家門前，他開口對她說：「去年，一位拉薩老人告訴我有個帕桑菩提。妳一定就是了！」

「是的，我就是帕桑菩提，請進。」她視上師如前世老友一般，毫無顧忌地邀他入內，他們倆連茶都還沒喝就共赴雲雨。之後，帕桑請求上師留下來久居，但上師僅承諾留下數月。

一天，上師拜訪哲蚌寺⑰。當他與僧眾坐在一起時，想到應該要和這裡的鐵棒喇嘛⑱開個玩笑。

「我想要成為一名僧人，」他對著鐵棒喇嘛說。

「你是哪裡人？」鐵棒喇嘛問。

「我是竹巴人。」他說。

「竹巴人有好嗓子嗎？」鐵棒喇嘛問。

「我沒有好嗓子，」他無辜地回答：「但我有位朋友是很棒的唱誦師。」

「明天帶你的朋友來。」他們這麼說到。隔天集會的時候，上師帶來一隻披著紅袍的驢子，拎著牠的耳朵走入，並將牠安置在僧人座位的末端。

「你這是在幹什麼！」鐵棒喇嘛憤怒地叫道。

「這就是我那位有好嗓音的朋友。」袞列說道，踢了一下驢子讓牠叫出聲。鐵棒喇嘛氣得拿棍子將他趕走，上師隔著喇嘛的肩膀大聲叫道：「你們這些人只管唱誦，不注重禪修啊！」

隨後，在回拉薩的路上，有兩位來自剛剛集會裡的僧人擋住了他的去路，並問他要往哪裡去。

「竹巴袞列無家亦無所，」他回答：「哲蚌寺裡沒有我的位置，地獄裡也沒有我的位置。」

「你犯了什麼罪，連地獄都不收你？」他們問，然後大笑著。

「在人間，」上師說道：「我為人處事隨心所欲，我想我阻礙了某些人的欲望，因此我應該會在地獄待個幾天，但在要往地獄的路上，卻被色拉寺⑲的僧人給堵住了。所以，我想回頭到哲蚌寺當個僧人，但寺院裡卻充滿了忌妒、貪欲與瞋心。因此，我無處可待。」說完，就回

---

⑰哲蚌寺，靠近拉薩，建於西元一四一四年，為西藏最大的一座佛學院，全盛時期僧人多達七千人，僧人在嚴格的體制下學習以獲得格西學位。這座屬於格魯傳承的佛學院以其時輪密續（Kalachakra Tantra）而著名。

⑱鐵棒喇嘛（藏：chos-khrims-pa 或 tshul-khrims-pa），在僧院裡以棍棒與罰則負責維持僧人紀律。

⑲色拉寺，於西元一四一七年由絳欽卻傑所建立的一所佛學院，是可與哲蚌寺匹敵的對手。

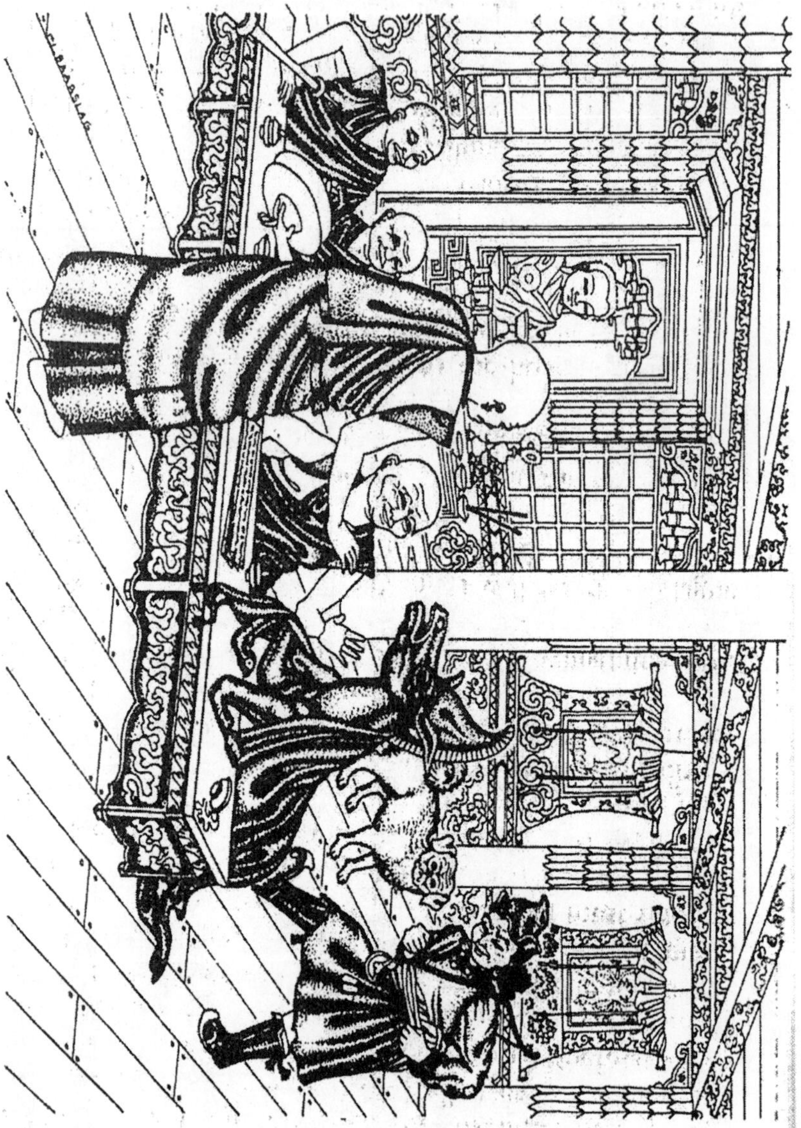

「這是我那位有好嗓音的朋友……」

到拉薩去了。

竹師停留在帕桑菩提家的時日，通常於日出到日中之間，以烈酒與食物填腹；日中至傍晚，以琵琶或長笛吟詩唱誦；傍晚至午夜前，與帕桑菩提交合；午夜到黎明，則獨自一人在大手印⑳明覺中禪定。

一天，上師心想，自己在拉薩待這麼長的時間，不該不拜見任何的佛法上師。於是，他決定拜訪宗喀巴大師㉑。「人說宗喀巴大師是文殊菩薩㉒的化身。」上師告訴帕桑菩提：「我一定

⑳大手印（梵：Mahamudra），密乘裡無念的非二元狀態，成佛的同義詞。最初由薩拉哈口傳，是所有密續行者的最終修行目的。竹巴袞列的行誼即是示現大手印證悟的修行成果。
㉑宗喀巴（西元一三五七年至一四一九年），出生於安多（青海），有安多大鼻之稱，德才超群，因而據稱為智慧之化現——文殊菩薩的化身，促使噶當派內部改革，而創立以拉薩達賴喇嘛為首的格魯傳承。
㉒文殊師利菩薩，心意怙主，代表智慧的菩薩，一手持能斬斷無明之寶劍，另一手持般若智慧之經典，安坐在青藍色蓮花上。

要看看宗喀巴大師的心，是否已遠離貪欲與嗔心。」

他到了小昭寺㉓，看見僧人們正在進行辯經，心想自己不該錯過這個教他們怎麼開懷大笑的機會，因此，他問他們：「喔！僧人，你們在做什麼？」

「我們在淨化法道上的疑惑與不調和。」他們告訴他。

「我對辯經也還稍微有一點了解，」上師語畢，隨手抓了一把胃腸脹氣的屁味送到他們鼻子下方，並問道：「哪一個先到？是空氣還是味道？」

僧人們氣得想把他趕走。「我們沒空理你的幽默！」他們罵道。

「不要這麼傲慢，」上師回答：「放輕鬆一點嘛！」

上師繼續說著：「我的道與你們的道有點不同。我的道調心，而你們的道則充滿貪欲與傲慢。現在，可以幫我引介文殊菩薩——宗喀巴大師嗎？」

「那麼你要供養上師的東西在哪呢？」他們問道。

「我不知道要準備，」上師說著：「我改天會帶來，但我今天一定要見到大師。」

「從來沒聽過要晚一點才送上供養的！」僧人們嘲笑地說著。

「如果一定要的話，」上師最後說道：「我有這一對父母親送給我的腎子，可以當成供養嗎？」

僧人們聽聞後又開始暴跳如雷，把他趕了出去，不讓他進入。「如果我找到哪個供品，一定要回來捉弄這些僧人。」上師心想，便回到拉薩去了。過了幾天，他告訴帕桑菩提說，他要到桑耶尋找可以獻給宗喀巴的東西。

他回到桑耶後，來到地方官貝達的居所，並受到官員夫婦倆的款待。「歡迎歡迎！珍貴的法尊！」貝達說：「自從您在桑耶的經藏節，爲眾人示範了誓言酬補與遣除道障的儀軌，我們的福報增長許多，並且大獲豐收。去年我在漢地的孜龍，遇到了一位來自工布的商人，他告訴我上師如何以神通將矛打結。從那時起，我就渴望能再次見到上師您。今天我感到相當榮幸，能夠親自款待您。」隨後，貝達供給上師上好的美酒與佳餚。

㉓小昭寺內原供奉有釋迦牟尼佛十二歲的等身像，乃是西元七世紀時唐太宗（於文成公主出嫁時）送給松贊干布王的嫁妝禮〔譯註：此尊佛像後被移入大昭寺，而原大昭寺內來自尼泊爾國王所送的嫁妝釋迦牟尼佛八歲的等身像則被移入小昭寺〕。此處同時為非常靈驗的神諭寺院。宗喀巴大師長期駐錫在拉薩市郊的甘丹寺。

筵畢，貝達請求上師的協助，說道：「我前後娶了三名妻子，其中兩名在婚後都因爲短命而過世。我的現任妻子生了六個兒子，但沒有一個活得過三個月。今年，我的妻子又生下一個兒子，而他即將滿三個月。祈請上師慈悲加持護佑他，並懇請您修法消除他的一切障礙。」

「你的兒子叫什麼名字？」上師問道：「帶他過來。」

「他的名字是桑耶護法，」貝達回答：「他出生時既健康又聰慧。」

當他的妻子將兒子帶來時，這名嬰兒立刻開始顫抖不已。

「乖乖待著！不要怕！」上師命令道，他要貝達把掛在柱子上的一條黑色繩索拿過來。上師把繩索套住當時正躺在母親膝上的嬰兒脖子上，並說：「今天不讓你識相，我就不叫竹巴袞列！現在，跟我到下面的河去！」上師用繩索將嬰兒拖在身後，他的父母在後面哀號，一路含沙呑石、拉扯頭髮，跟著上師來到了河邊。「你膽敢再回到這裡來，就等著遭受同樣的待遇！」上師用手箝住嬰兒的脖子，將他丟入滾滾江水中。

這時，小孩的身體化做一隻黑狗，張著血盆大口咆哮著：「竹巴袞列！你一點慈悲心都沒有！」便往對岸游去。

「看看，那就是你的兒子！」竹師說。他們兩位從上師處獲得無比的信心，並且對上師的作爲毫無責備，一點都不害怕地回到家中。

回到貝達的住所後，上師傳授他們破除威脅子嗣魔障的方法：

「嬰兒夜半號啕哭，
父母交合之預兆，
給些果仁使安靜，
如果此法難奏效，
床巾覆頭置牆角。

嗔心鬼王㉔附子身，
世人無盡苦難之惡兆，
上師保護使回遮，

㉔鬼王（藏：rGyal-'gong）乃附在年老、虛弱或幼小者身上的一種魔障，能引發精神上的各種疾病。

如果此法難奏效，
以降魔法驅此魔。

兒子重要卻無用，
家族命脈終結之惡兆，
竹巴袞列我可除詛咒，
如果此法難奏效，
頸繞繩索剋此禍。」

上師傳授此法後，告訴貝達與其妻，明年此時應可再懷一子。

「懇請上師現在予以命名，」貝達請求著：「您明年就不會在此。」

「將他取名爲『無量豐收』，因爲他將是一道昌盛傳承的源頭。」上師說道。

貝達的妻子聽到上師的預言後，供養上師自身的珠寶以作回饋，而貝達則供養上師一只裝有五十塊金幣與一顆綠松石的寶物盒。上師將婦人的珠寶穿戴在身上後，便取下歸還給她，並說光是穿戴片刻即以足夠。同時，他也將金子與綠松石歸還給貝達，但他卻堅持上師收下以爲其家族帶來福報，並遣除一切法道上的障礙。上師最終收下供物，並打算要將它們供養給宗喀巴，他將綠松石塞在其金剛杵[25]的縫隙中，手裡抓著金子，離開桑耶而前往拉薩。

竹師來到了拉薩市集，市集裡的人們眼睛都盯著他的珍寶看。「如果你想要金子，就用綠松石來買。如果你想要綠松石，就用金子來買！」他大聲喊叫著。

「這裡沒有誰能買得了這麼多金子，」人們這麼告訴他：「綠松石呢，塞在那麼神聖的地方，所以也沒有人敢要。」但因爲好奇上師會怎麼處理這些珍寶，大批群眾在後頭跟著他。上師直接來到吉祥天母寺，在那裡他看到七名女子正在以歌舞對天母做禮讚：

「金色塔中，

護法女神，

[25] 金剛杵，藏語發音為多傑（藏：Dorje，梵：Vajra），一種具有三股、四股或九股的法器，象徵如金剛般的覺性以及空性無堅不摧的特質。原始為帝釋天手中所持的閃電，在隱喻與象徵的含義上，金剛杵代表男性陽具，而蓮花則代表女性陰部。

獨尊聖母，
吉祥天母㉖，
慧眼持明，
吾齊聲讚！」

「你們唱得很美妙，」上師告訴她們：「現在聽我唱。」

「殊勝之法教中心拉薩，
焚香燃燈乃世俗供養，
致獨尊聖母吉祥天母；
唯今日無爲哀噶列巴，
供養其陽具與綠松石，
請吉祥母納受賜慈悲！」

隨後，他便將手裡的綠松石投向天母。直至今日，人們仍然可以在天母的前額見到那顆寶石。

離開寺廟後，上師前往拜見文殊菩薩宗喀巴。他一抵達小昭寺，僧人們便問他有何貴事。

「我來求見宗喀巴大師。」他告訴他們。

「你還是只有那兩粒可當供養嗎？」僧人們嘲笑著。

「沒有，這次我有金子可以供養。」上師回答。

「這樣立刻就可以面見。」

「是啊！是啊！」上師笑著說：「有金子的話，路馬上就開了。」隨後，上師想著應該來爲這些僧人們開開眼界。

來到大師尊前，他開始對裝有黃金的盒子頂禮，並吟唱這些詩句：

「藏域聖者頂嚴宗喀巴，

㉖聖母吉祥天母（Machik Palden Lhamo），拉薩城的護法女神，身騎白騾、手持火焰劍與顱蓋皿。

遣除黑暗之光明者，吾敬禮！
阿底峽㉗授記之白蓮持有者，
三戒清淨之持守者，吾敬禮！
烏巴拉蓮花㉘上持劍者，
精通講辯與著述者，吾敬禮！
披覆金網之聖威儀者，
破貧瘠之貧者怙主，吾敬禮！
願此黃金供養賜安樂，
愛好財富與安逸者，吾敬禮！
去年吾空手無供物時，
眼不視無財貧賤者，吾敬禮！」

「喔！眾生怙主，袞噶列巴，你說得一點都沒錯，很高興見到你。」宗喀巴回。他以哈達打了個護身金剛結㉙送給袞列，並要求他收下當做加持。「你就只需要這個，」他說道：「戴在身上！」

上師接受了加持物後便離開。「我要怎麼處理這個結，」他心想：「掛在脖子上不舒服，我又沒有口袋可以裝，也不想拿在手上。不如把它綁在老二上，既乾淨又不用手拿。」因此，他將它綁在老二上，來到了市集。

「快來看啊！快來看啊！」他大叫著。「如果你有五十個金幣，就可以面見宗喀巴尊者本人，而且他還會給你這個！」說著，便抓著那根綁著金剛結的陽具在空中晃啊晃著。

拉薩的市集裡住著一位客棧女掌櫃，名叫拉敦。她是個惡名昭彰的小偷、奸詐狡猾的商人，專門竊取過路旅人的金錢與財產。一天，一位來自羊卓雍措的商人帶了一批琥珀，路過入住客棧，女掌櫃打算用假貨來偷偷換取商人的琥珀。上師知道了之後，來到客棧的酒館小酌。

㉗阿底峽尊者，法號燃燈吉祥智（西元九八〇年至一〇四二年），從孟加拉超戒寺受邀入藏弘法，創立了噶當派，後來由宗喀巴大師重整並發揚光大。

㉘烏巴拉蓮，青藍而具萬片花瓣之蓮，為文殊菩薩的象徵。

㉙由上師以絲線或哈達打成之金剛結，賜予信徒掛在脖子上，有護身、加持之意。

「看來大家都很高興，」他說道：「女掌櫃肯定是個優秀的婦人！既然大家的舌頭都鬆了，這裡的酒一定也很香醇。俗話說『美酒益身，佳譚益心』。如果你再給我多斟點美酒，我就給你說個好故事。」

「給我們說說你的故事吧！」女掌櫃如此央求。於是，上師開始說道：

「從前，在一座名為囊域的村子北邊，住了個騙子叫枉貪，以及他兩個兒子，分別叫大聚與小聚。村子的南邊，住了個窮人叫畏怯。兩人經常結伴找尋食物。有一天，他們從前面的村子走到下一個村子的時候，兩人在一棵大樹下休息，其間，他們發現樹下似乎有東西在閃閃發亮。當他們知道發光的東西來自地下，便開始一同挖掘，並發現了一大壺金子。這個發現讓他們倆欣喜若狂。

畏怯因而這樣說道：

「枉貪，吾累世之友！且聽！
過去業力使我倆為友，
諸多善行福報終不顯。

貪婪之心導致貧窮果，
貧窮受盡且盡力布施，
今日福德果報終收成，
始能獲得此金銀財寶。
應將此報供養於諸佛，
此法正確否？請細思量！」

「今天是因我倆的善德與運氣，才會發現這財寶。」枉貪說道。「而且是因爲你的福德多過於我，才有可能發現這寶物。我將以你的名義，舉行三天的酒肉薈供。現在，讓我把這寶物平分對半。不過要小心啊！我的好友，這財寶有可能是幻相，是天人與邪魔的詭計！」

「不太可能！」畏怯懷疑地說道。「不過，如果眞是幻相的話，也沒辦法。」

這時，畏怯先回家去，枉貪則偷偷地將金子藏在某個地底下，並在壺裡塞滿木屑。當畏怯回來後，他發現枉貪坐在樹下哭泣。

「我的朋友，發生什麼事了？」他問道。

「我就說這金子是幻相，現在都沒了。」枉貪低聲咕噥。

「你一定是在瞎說，」畏怯說道：「我從來沒聽說過這種事。不過就算是眞的，也不必哭泣。」

枉貪於是招待畏怯美酒，並叫他的兩個兒子跳舞給他看。

「朋友，你的兒子跳得如夢中的幽靈與幻相，」畏怯說道：「表演得眞精采。」

過了幾天，畏怯帶著一大桶酒來拜訪枉貪，他們倆高興地又吃又喝。當他們倆喝到酒醉的時候，畏怯建議他的朋友將他的兩個兒子送到自己家中與他同住幾天，如此他那喜歡小孩的老婆也可以欣賞其子美妙的歌舞，並建議枉貪三天後再來接小孩，屆時他們還可以再吃喝一回。

枉貪完全忘記自己曾經對朋友做過的惡行，便欣然同意。

於此之間，畏怯則訓練了兩隻聽話的獼猴。三天後，當枉貪依約來到畏怯家，他發現畏怯正在啜泣。

「發生什麼事了？」他問道。

「你的兩個兒子變成猴子了，」畏怯低聲咕噥道。「記得上週在你家跳舞時，我曾說過你兒子像幽靈嗎？看來，我是對的！」

「我從來沒聽過兒子變成猴子的，」枉貪不信地說道：「把我的兒子還來。」

畏怯回答道：

「枉貪吾友，聽我道！
吾倆爲友甚久已，
稀奇怪事共證也，
親見金粉化木屑，
此事從未聽聞過。
如今汝子化獮猴，
此難不幸降臨到，
前所未見無理兆，
若疑是否爲汝子，
且看！『猴子們！找阿爸去！』」

兩隻猴子聽到後，立刻跑去坐在枉貪的大腿上。

「看看我兒子變成了什麼？」枉貪哀號著：「這一定是聖者對我偷金換木之罪的懲罰，我將為此而懺悔！我會把金子還給你，請把我的兩個兒子還給我。」

「先把金子帶來，」畏怯告訴他：「我再考慮要對你做什麼。」

枉貪將金子取出後，平分成兩半，並將屬於畏怯的那一半還給他後，換回了其子。

當這兩個人死後，被帶到閻羅王的面前，閻王根據他們生前所做的一切惡行與善行做審判。枉貪的詐騙行為使得他被監禁在地獄道的熾鐵牢獄之中，而畏怯則因為捉弄枉貪，被判投胎成獼猴十二年。

上師說完故事後，客棧女掌櫃放棄了偷換商人琥珀的念頭。商人因而免除了破財之災，而女掌櫃則免除了來世墮入地獄的下場。

3

於達隆、羊八井及薩迦令世人生命具有意義

以無別任運苦行道之業行，
依汝個別心念精準無誤地，
揭示不凡神通力與勝義諦，
尊師袞噶列巴足下我頂禮。

法尊眾生怙主袞噶列巴向北遊歷，來到達隆寺①而遇見了達隆仁波切。仁波切對他說道：「聽說你精通經續，善於揭露事實的眞相，從不掩飾自身的過失與他人的染污。請用這把琵琶伴奏，爲我唱一首以過患與功德爲主題又眞正輕鬆愉快的道歌吧！」

因此，上師唱出了這首道歌：

「且看驢子揹負過多貨物之不幸，
再看駿馬自由狂野馳騁之狂喜；

且看戴勝❶高傲闊步廢墟之悲慘，
再看老鷹自在遨翔天空之喜悅；
且看過街老鼠夾耳躲藏之痛苦，
再看魚兒水中無憂遨游之快樂；
且看番邦人等乘馬攜矛之艱困，
再看聖者②了證幻相空性之法喜；
看德佐小姑娘沮喪濕淋之臀股，
再看深山巖洞覺嫫緊實之護鞘；
且看達隆寺內瀰漫之邪惡欲望，
再看拒絕罪行染污之強大誓言；

❶「戴勝」為分布於中國的一種鳥類，頂上羽冠有如印第安酋長之頭飾，喜於廢墟或墓穴築巢，以啄食地底或棺木裡的昆蟲為生。

①達隆寺，位於拉薩城東北方，由帕莫竹巴弟子達隆塘巴於西元一一七八年所創建，亦為達隆噶舉的主寺。

②此處的聖者為藏文多登（Tokden，瑜伽士長老）的意譯，指充分了悟自心本性為空的貢千。

且看祖古③執著他人心念之意圖，
再看袞列全然出離之大喜大樂。」

唱完後，這位祖古大感敬佩，說道：「不論是入世間或是出世間，您眞的都通達其義，令我佩服得無話可說。管家！你手上有什麼就拿來供養吧！」管家穿了件不是很恰當的非正式服裝進來，手裡拿著一隻以麵糰揉成的大象供物，仁波切在供物上插了一支白香。

「爲我送你的這份禮物，也做個讚頌吧！」他要求著。

竹巴袞列因而唱起這首歌：

「在一座無塔頂的廟堂中，
於一些無壁畫的牆面上，
倚著一位無慷慨的上師。
無名挑糞者竹巴袞列吾，
唱著這首無韻腳的偈頌，

對著這隻無意識的大象，
豎著一柱無香味的白香，
由一位無戒的管家獻供。」

頌畢，旁觀的人聽著都笑了出來，而祖古則因此拿出其最好的供養款待上師。竹師除了納受達隆昂旺扎巴的女兒爲佛母④，也展現了許多神變，並爲信徒給予廣大稀有的法教，接著便離開了。

上師繼續其朝聖之旅，來到羊八井。此處，他巧遇噶瑪巴⑤頭戴黑帽，高坐在華蓋下，正

③祖古（藏：sprul-sku）為乘願再來的轉世者，肩負掌管、教導與激勵寺院弟子之責任。

④佛母／明妃（藏：gsang-yum，梵：mudra）〔譯註：有時依此梵文而譯為「印侶」，修依手印母，意為修持法侶與修行助伴〕，在第三灌頂（智慧灌頂）中為空行母的角色，轉世化身可經由此而入於人間。

⑤這裡提到的噶瑪巴為第一世噶瑪巴——杜松虔巴，創立了噶舉學派中的最大支派——噶瑪噶舉傳承，其主寺為楚布寺。文中所述之黑帽應為一般灌頂法會時主法上師所戴之黑帽，有別於那頂由空行母髮絲所編且能賜予配戴者飛行法力之著名黑法冠。

在市集裡爲一大群信眾說法。人群中，有一位極爲漂亮的女子名叫帕桑女。上師肩上挑著一根棍子，繞著市集大聲喊道：「噶瑪巴破戒了！」

有些僧人拿了棒子作勢要打他，並趕他走，但被噶瑪巴制止：「不要打他！不要打他！他是對的，」他說道：「這個人有他心通的能力，他是印度大成就者夏瓦利巴的轉世化身。事實上，當所有男子都被這位女子的豔麗所吸引時，我並不例外，也是盯著那位美女，且有那麼片刻因她的美色而分心。雖然我並沒有生起任何欲望，竹巴袞列卻注意到了，因此他的指控是正確的。瑜伽士，請爲我們唱首道歌吧！」

袞列於是唱道：

「如魔之女的女子，
手雖未持鉤與索⑥，
僅是目光瞄一眼，
即可勾召男子心，
甚而能轉佛陀意！

迷人熾然軟語母，
輕聲細語低聲訴，
沈溺短暫快樂中！
膚白透紅身形美，
善於挑逗之言語，
令人無助入輪迴，
莫貪！莫染！噶瑪巴！」

「印度年輕之孔雀，
以荊棘為柔軟座，
其他牲畜坐則傷。
藏域優雅之公雞，

⑥鐵鉤與羂索為神靈之標準配備，意在勾召與捆綁世人散漫且貪愛的心。

食毒種子以解飢，
其他牲畜食則亡。
惹龍竹巴哀列我，
心能思及妙女子，
噶瑪巴汝思則險！」

竹師唱畢，一個僧人質問道：「別人不行，你就可以。是誰說的？」

「在一個叫做奧明天界⑦的地方，」上師回答：「人所不能到之處，在那廣大的天界中央，有個非凡的宮殿，住著明光藍身之金剛總持。他透過帝洛巴和那洛巴⑧告訴我可以做什麼，不可以做什麼。」群眾們對上師的結語感到滿意，並且紛紛生起隨順之虔敬心。

「論調伏心性，」噶瑪巴笑著說：「我在您之上。但以萬法無別清淨自性的了證來說，您與我並駕齊驅。將來，您的名聲會傳得比我廣遠。」

據說，後來噶瑪巴帶著瑜伽士到他的寺院去。如果此爲屬實，那麼這位噶瑪巴應爲第八世噶瑪巴米覺多傑（西元一五〇七年至一五五四年）。上師欲檢視噶瑪巴對大手印的了悟，並希望大手印法教能在堆龍的楚布寺廣傳，但最終他在寺院內只看到了好色的僧人與不祥的徵兆，於是他唱了一首關於九惡兆的道歌之後，就離開了：

「您的寺院啊，背後山黑，前面水黑，宮殿頂黑，大殿暗黑，僧人養狗黑，管家面色黑，上師法帽黑，護法袍子黑⑨，女子鬢鬚黑，在這種有九黑兆的地方，我才不待。」

隨後，眾生怙主法尊竹巴袞列決定測試薩迦班智達⑩的了證力。他來到了薩迦的慈氏寺，

---

⑦奧明，「非下」之意，為色界中的最高天（色究竟天），此處的眾生沒有身形。（譯註：於密續中有另外的涵義，常指佛菩薩的淨土所在，而非色究竟天。）

⑧見第一章，注釋二一。

⑨噶瑪噶舉的主要護法為大黑袍金剛（譯註：大黑天，或稱瑪哈嘎拉）。

⑩薩迦班智達或薩迦班千（貢噶賈稱，藏：Kun-dga' rgyal-mtshan），為薩迦三祖（譯註：此處與竹師年代及後面所述不符，根據其後所述應為薩迦五祖八思巴），文殊菩薩之化身，使元世祖忽必烈信仰佛教，並統一藏區使其政教合一，他還創造了蒙古文字。薩迦乃「黃土」（譯註：一般說為灰白色土地）之意，其主寺由阿底峽的弟子之一昆・貢卻賈波（Konchok Gyalpo）於西元一〇七一年建立於薩迦城，並迅速以其嚴格的學術研究聞名。

當時寺院內的僧人正在爲其慈氏上師⑪舉行年度的圓寂紀念法會，祈請上師能早日重返人世。袞列立即透過天眼通看到祖古早已投胎成爲一隻驢子，並且當時正馱負著重物在山路上努力地往上爬。袞列向驢子的主人要求商借驢子一會兒，隨後，他便牽著驢子的耳朵回到寺院裡。

「這是什麼？」僧人們問。

「如各位所見，這是一隻驢子。」袞列回答：「那麼你們又在幹嘛？」

「我們正在爲我們的上師舉行圓寂紀念法會，祈求上師能夠早日乘願再來。」他們告訴他。

「他叫什麼名字？」袞列問道。

「慈氏祖古，」他們說道。

「那麼他現在在哪裡呢？」袞列繼續問道。

「在兜率天⑫，」他們回答。

「那又是什麼？」袞列問道。

「總之，是個很難找到的地方，」他們模糊地回答著：「不要問這麼多問題。」接著便閉目合掌，不理會他，繼續他們對仁波切轉世再來的祈願：

「見諸法離戲之文殊菩薩！

具五圓滿智之金剛薩埵⑬！
慈愛之化身者前垂祈請，
甘露加持共與不共成就。」

衮列則對驢子做了此祈願：

「最慘的畜牲，驢子啊！
無草可食，無水可飲，
背上馱負過重難忍受，

⑪慈氏上師，彌勒菩薩（藏：Byams-pa，梵：Maitreya），慈愛的菩薩化現，舉行哀悼紀念法會（藏：dgongs-rdzogs）則是為了祈求祖古早日轉世再來以利益眾生。
⑫菩薩常於兜率天（梵：Tushita）等候機緣，以便轉世返回人間而履行其利生的誓言。
⑬金剛薩埵，壇城的主尊，擁有五究竟智（藏：Ye-shes，梵：jnana），分別為：大圓鏡智、平等性智、妙觀察智，成所作智與法界體性智。

向你受鞭打的背祈願，
駝了的肩膀，請加持！」

在場的喇嘛上師們一聽，簡直氣壞了。「對我們的上師祈願，不是對著驢子！」他們大叫道。

「你們的上師投胎成了這隻驢子。」袞列告訴他們。

「怎麼可能！」他們道。

竹師趕緊解釋道：「你們上師生前在藏、漢、蒙三地旅行的時候，讓他的馬揹負過多的貨物，而如此的業力使他投生爲驢子。」語畢，這隻驢子像是在證實上師所言爲實似的，雙眼充滿了淚水。

僧人們見到此狀，紛紛相信袞列所言，雙手合十朝驢子禮敬，並詢問他們的上師何時可轉世回來掌管寺院。

「如果你們希望上師盡快乘願歸來，」他告訴他們：「好好飼養這隻驢子五年，在這隻驢子死後，你們的上師會在康區的理塘轉世，然後再回到這裡來。」

他們按照著上師所說的好好飼養那隻驢子，而最後，他們的仁波切，慈氏菩薩的化身確實就在理塘轉世，並最終回到薩迦來。

這件事之後，上師來到色多堅（鄰近薩迦的城鎮），當他背部朝上趴在大岩石上曬太陽時，薩迦班智達恰好帶領百餘位隨從路過。

「起來！竹巴衰列！」薩迦班智達說道：「不要這麼粗俗！」

上師則回以此偈頌：

「從未忍受身體之苦果，
冀望身著彩袍以成佛，
將汝弟子送往地獄者，
見到你啊，吾心憂呢！
去吧！眾生怙主薩迦班智達！
就去說法灌頂吧！

身邊聚集毀誓者，
播下災禍之種子，
培養妄想之樹木，
生長愛欲之苗芽，
成熟中陰之業報，
揹負老婦之罪孽，
滿足侍從之願求，
就以財寶填滿汝之金庫房吧！」

薩迦班智達笑了出來，並以此偈頌回覆：

「無門無柱岩窟旁，
滿嘴穢言之竹巴袞列倚坐著，
四處瘋癲胡亂語，

見到你啊，吾心憂呢！
去吧！漫無目的地遊蕩去吧！
毀壞人們對汝之信心，
背負財富於汝之陽頭，
供養汝之聖財予娼妓，
隨意敲門激怒看門狗，
折斷老婦之柳條肋骨，
挑蝨如丟石般身後擲，
任意擊碎女子之臀骨，
如願隨處地曬日頭吧！」

雙方對彼此的偈頌，因心意相通而感到滿意，薩迦班智達送給上師一匹馬，並邀請他一起回到寺院。途中，他們巧遇幾位嘉絨姑娘在田裡幹活，她們捉弄著僧人們說：「僧人可想嬉戲否？」

「今天沒人想要親熱，」上師在隊伍的前頭大叫著。

「不要在僧眾面前說這些，」薩迦班智達聽了有點生氣，低聲說道。

「有什麼關係？」上師無辜地說道：「所有的姑娘都會想來一下啊！」

薩迦班智達厭惡地鞭策了一下坐騎，不顧隊伍地逕自往前跑去。

當他們抵達薩迦後，班智達向竹巴袞列展示其所寫的一首讚頌自己的回文詩，詩的每一行皆以「ㄈ昂」（藏文「我」的意思）構成。

「看看你是否也能辦到！」薩迦班智達向上師挑戰道。

「像你這麼高尚的昆氏⑭子嗣，我不能嘲笑你。而作詩嘛，我又不懂，看來我就只好在你的『昂』下面加個元音『嗚』。」

所以，你原來的詩：

「後藏薩迦班千我，

漢原之統治者我，

雪域之上師主我，
眾生之頂冠嚴我……」

就會變成：

「後藏薩迦班千哭，
漢原之統治者哭，
雪域之上師主哭，
眾生之頂冠嚴哭……」

班智達聽了哈哈大笑，全身感到充滿幹勁，邀請上師再來一場書法較勁爲樂。他用蘭札文⑮

⑭昆氏家族，為遠古西藏主要姓氏之一，亦為薩迦法王姓氏。
⑮蘭札文（藏：rajna），為北傳佛教自七世紀起所使用的一種裝飾文字。

寫下觀音心咒，並展示給上師看。竹巴袞列對此無動於衷，並打算示範他自己的傑作。他說道：「我手肘彎曲，雙手放在肩膀的高度，就是個『ཨ啊』字；而我手結禪定印，就是個『ཆ恰』字；我把左腿抬到胯下，右腳這樣站，就是個『ན納』字。」就這樣，他用他的方式，示範了所有的藏文字母。

當天稍晚，在用餐的時候，薩迦班智達又再度測試了上師。他取了一塊糌粑糰，將它揉成一隻鹿的形狀，拿給袞列看，並說：「如果你手這麼巧的話，就隨性做個動物來瞧瞧！」袞列隨手抓了塊糌粑糰，毫不猶豫地將它切成兩半，兩塊麵糰當下變成了一條蛇與一隻龍，在場的觀眾莫不看得目瞪口呆。

「他眞是通達神變之人，」薩迦班智達心想：「我應該將他的神通展示給漢人看。」因此，他對上師說道：「爲了讓我倆的傳承將來能夠和諧相融，我們應該一起到漢地拜訪一下。」

於是，他們倆立刻起身前往漢地。途中，上師以各種戲法與神變，排解班智達與其侍從在旅途中的無聊。

當他們抵達漢皇帝的宮殿時，竹巴袞列佯裝成一名信差，坐在班智達所有侍從最卑微的末座。當開始分配羊肉餐食的時候，袞列發現分到他時，木籃裡只剩下一塊沒什麼肉的骨頭和一些軟骨。因而，他不悅地唱起了這首歌：

「後藏來的薩迦班智達，
所需要的與僕人相同，
然而羊肉分配不公啊！
有人得了上等肉，有人卻得下等肉。
所有的羊雖都是羊肉，
然而有的肥卻有的瘦。
羊兒啊！當你的同伴在吃草喝水時，
你那時是在做什麼呢？
你只有吃草才能肥啊！
現在，回草原上吃草去吧！」

言畢，上師以巴掌拍擊羊肉，這時羊站了起來，朝門口跑出去，回山上去了。

漢人們通通驚呼地說道：「如果僕役的功力都這麼了得，那上師就更不用說了！」話說薩迦班智達曾造訪漢地三次，但從未受到如這次一般那麼多的供養與款待。

他們回到薩迦後，上師在鄰村一名叫羅列菩提的美麗少女家中停留幾天。上師想要與少女撥雲弄雨，但卻遭少女拒絕。上師因而感到非常沒有面子，於是大怒說道：「哪有這樣的女子！」他一腳踏在大石上，這顆大石就像泥巴一般留下了足印。這個奇聞在當地傳開，羅列菩提聽聞後，爲其輕率而感到懊悔不已，因而帶了上好的酒來拜見上師。

「喔！至尊大成就者！」她說道：「第一次見面的時候，我未能認出您就是佛的化身，請原諒我，現在請取吾身爲供養吧！」

「裙子掀開，雙腿打開。」上師下令道。

「啊咔咔！」上師取出陽具，望向女子的雙腿間說道：「妳跟我不合啊！妳需要的是三角的杵，而我需要的是圓圓的孔，很顯然地，我們成不了事！」

少女一聽，瞬時生起厭世之感。「喔！珍貴的法尊，」她懇求道：「如果您認爲我乃上等根器，請您帶我一起走；如果您認爲我爲中等根器，請您送我到隱秘處修行；如果您認爲我乃下等資質，請爲我落髮，賜給我一個法名吧！」

「你不是我會帶著一起走的女子，」上師回答道：「而你又不宜到隱秘處，所以就是第三個選項，來吧！你想要什麼名字？」

「請賜給我一個平凡的名字，」她要求道。

「地水火風空度母。」他說。

「我不要這種名字，」她說：「請我一個悅耳的名字。」

「琴笛琵琶度母。」他說。

「這樣我會不好意思，」她說：「給我一個恐怖一點的名字好了！」

「那麼你就是豹熊邪蛇度母。」

「不！不！還是柔和一點的名字好了。」她回答。

「絲緞藥汁度母。」

「上師，請不要再捉弄我了，」她懇求道：「請賜我一個和我相合的名字。」

「蜜糖財寶度母。」

「不要這樣的名字，」她抗議道：「我已對人世感到厭離，並且下定決心要將我的生命奉獻給修行。請賜我一個合適的名字，說明我已皈依於佛法。」

「厭離虔敬皈依度母。」

「我還是不滿意！」

「那麼我們就叫妳貪愛厚顏聖教度母。」他建議道。

「前面四個字不要，其餘的留下來，就叫我聖教度母（拉丘卓瑪）好了。」她這樣請求道，而上師則應允了。

上師命令其在卓木拉日峰⑯進行三年禪定，在這三年當中，她未進一食也未闔雙眼，每天以甚深的禪定度日。最終，在上師的加持之下，拉丘卓瑪在光明身中獲證佛果。

在上師的五千位佛母當中，有十三位特別受到上師的喜愛，而在這十三位當中，又屬拉丘卓瑪最受到上師的關愛。

眾生怙主法尊竹巴袞列繼續在後藏旅行。其間，有一晚，他在一個名叫雍的小村莊裡，投宿在一個名叫阿波才旦的家中，這個人過去曾經貴為公子，是拉肅貴族之子，如今家財散盡，並深受痲瘋病之苦。他的妻子桑敦，是個很有才幹的女子，年紀很小的時候就被許配給現在的丈夫，但在長大成人之後，卻對其夫婿感到極為不滿，並由衷地希望有朝一日能有個年輕強壯的公子來拯救她。

「當我身爲貴族之子的時候，擁有著極大的權力，」上師的東道主這樣告訴他，「現在我的好運用盡，生活在有一餐沒一餐的擔憂之中，妻兒都痛恨我、看扁我，而我自己則全身充滿著病痛。你說，我是不是最悲慘的男人？」他因而開始哭泣。

爲了安慰他們夫妻倆，上師決定說個故事。「桑敦，來這邊吧！」他叫道：「拿些酒來，我說個故事給你們聽。」桑敦把酒送上後，上師開始說起故事：

從前，在印度有個國王叫善德，膝下無子，直到年老了之後，妻子才爲他生下一子，他們將他取名爲獨嗣。他們帶這個小孩去算命，算命的說他必須離家七年，否則將有短壽之災。等到這個孩子成年後，家裡的人準備讓孩子離家，並在他離家獨自旅行之前，給孩子一顆國王的寶石作爲護身物。

一天，在穿越一片廣大的平原後，他來到一處水源，停下來取水喝，並躺下準備打盹。當他睡著後，那顆寶石不小心從鼻子上掉了下來，落到水裡，被水中龍族給接管了。少了寶石的

⑯卓木拉日峰位於中國與不丹的邊境。

護佑，他便患了痲瘋病，還變得一貧如洗。更悲慘的是，有兩人曾經看過他戴著寶石，伺機接近並聲稱那寶石爲他們所有，威脅他若不歸還寶石，就要把他的雙眼挖走。獨嗣拿不出寶石，也無法打發這兩人，於是就被他們弄瞎了。

這位瞎眼的痲瘋乞丐一路跌跌撞撞地來到一處幸福快樂的王國，坐在國王的宮殿外乞討。國王有三個女兒，而此時正值一年一度的歌舞慶典，國王打算送他的三個女兒到慶典上一展美色。在她們梳妝打扮前，國王囑咐她們要一如以往地盡力打扮，好成爲大會上最美麗的參賽者。最後，國王最小的女兒成爲大會上最出色的女子。在她們回來後，國王詢問她們是否成爲大會上最閃亮的星星。

「當然是！」女孩們回答。

「那麼你們認爲這是基於我的恩惠，還是妳們自己的福報？」她們的父親問道。

「這一切都是因爲您的恩惠，」兩位年長的姊姊如此回答，但最小的女兒卻堅持這是因爲她自身的福德所致，國王一聽氣壞了。

「我讓妳戴上最美麗的珠寶、騎著最優秀的駿馬，而你還是堅持這是因爲你自己的福德所致，」他怒斥道：「如果妳認爲自己的福德這麼大，那我就將妳許配給坐在門口的那個乞丐吧！」

「如果那是我的宿命，」最小也最美麗的女兒說道：「那就這樣辦吧！」

國王聽了更生氣，將她帶到乞丐面前說：「我是這個地方的國王，這是我的女兒，我本來要把她許配給善德王的獨子，但是她反骨又不知感恩，現在她是你的妻子了！」

乞丐唱著如此回答：

「吾爲卑賤瞎痲子，
國王之女不配娶。
無意無禮或反抗，
懇請殿下且見諒！」

公主如此回答道：

「人之宿命無法違，
全因前業之所造，

宿命爲何無人曉，
莫憂！吾將揹負你！」

於是，她將痲子揹在背上，自己也成了一名乞丐。一天，當他們在一片大草原上的源泉休息時，此源泉正好就是先前王子弄丟寶石的地方。王子喝了一大口泉水後，頭倚在妻子的腿上睡著了。當他睡著了之後，他的妻子注意到有一條蛇從他的鼻子裡爬了出來，於是叫醒他，並問他夢到了什麼。

他告訴她：「我夢到從我的身體流出了許多血、膿汁與黏液。」而當妻子告訴他先前所見的景象後，王子意識到這是其病即將結束的徵兆。於是，他請妻子尋找先前掉進泉水裡的寶石。拜兩人福德所賜，她很快地找到了寶石，妻子以寶石輕觸丈夫的雙眼，使其視力恢復。於是，獨嗣又變回了一名王子，甚至比以前更加俊美。他的妻子，出於喜悅唱出了此歌：

「噯瑪！奇哉也！
吾與悲慘痲瘋乞丐結連理，

對此喪失權力之卑微男子，
坐看業力變化吾心如止水，
不曾懷有鄙視且敬重對待，
在其最不堪時親近而爲友，
豈料今日他竟成天神之子。
家園在何處？父母爲何人？
今且盡情傾訴汝隱秘過往。」

王子以此頌回道：

「喔！高貴血統具善女，
吾自摩揭陀國⑰來，

⑰摩揭陀國，古印度一個重要王國，位於恆河中下游，約莫現今印度比哈爾邦南部。阿育王所領孔雀王朝之發源地，也是佛教徒的聖地。

仁慈善德王吾父，
爲耗盡吾前世業，
註定承受七年苦。
我倆今應回摩國，
唯一子嗣須治國。
妙德女子請隨行！」

因此，他們回到了摩揭陀，國王與王后一掃陰霾，歡天喜地的迎接王子與公主的歸來。在王子接管王國之後，他建立了十善行⑱律法，其臣民們無不感到幸福與豐饒。

一天，王子建議妻子應該回到家鄉拜見其父王，並回贈禮物以報答先前的恩德。公主盛裝打扮，帶領一整隊配有大象、二輪戰車、騎兵團與步兵團的軍隊，浩浩蕩蕩地來到其父親的王國，父王見到一整列的軍隊來到，一時感到極度的害怕。王國裡的人有的連忙穿上盔甲，有的則急忙逃走。公主於是來到隊伍的最前方，趨近她的父親，但父親無法認出她來，公主則道出此歌以驅散其父親的恐懼：

「吾之父王，且聽我道！
我乃汝久前所棄之女，
時坐門上之痲瘋乞丐，
乃摩揭陀善德王之子，
寶石重獲使眼力恢復，
惡業耗盡使宿疾痊癒，
今如法治理王國是也。」

她對父親詳盡述說一切細節，並請他好好準備款待隨從。國王以音樂、歌舞大方地招待賓客，大家都感到非常開心。公主詢問其父親：「如此歡欣的時刻，是因爲你的福德所致，還是我的？」

⑱十善行，佛教的護法王——阿育王以此十善行作為其王國律法的準則。十善行分別為不殺生、不偷盜、不邪淫、不妄語、不兩舌、不惡口、不綺語、不嗔恚，不貪欲與擁正見。

她的父親沉默了一會兒後，回答：「起先你們倆人都很有福報，中間轉為貧窮，而末了，你們都重拾權力與財富。」

上師講完了故事，對阿波才旦與桑敦說：「桑敦啊！向這個寓言學習，不要鄙視妳的丈夫，一心只想另尋棲木。如果妳也能像故事裡的公主一樣，抑制心中的不滿，最終將獲得幸福。而你，阿波才旦，也無須沮喪，正如善德王之子，最終你也將獲得回報。將你的心供養給上師與三寶，並盡其所能地行善吧！」

4

爲利衆生雲遊至東藏

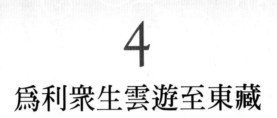

遍滿永恆大樂法之身，
具四喜悅耳梵音之語，
揭圓滿證道深廣之意，
眾生怙主竹巴袞列足下我頂禮。

現在，眾生怙主法尊袞噶列巴來到後藏東邊一個叫日瓦的地方。在那裡，他住在一個名叫阿總瑪的後藏少女家中，終日與她以琵琶唱和、飲酒作樂，共度高唐之樂。

那時，有個叫莫朗的貪婪地方官，負責掌管地方貿易。一天，他從碉堡上看到上師，便問下屬其爲何人，官員告訴他後，他驚叫道：「啊！沒錯！他就是那個去年沒繳肉稅，惹龍來的無恥之徒！人們說他是聖者，但我看他就只會到處遊蕩，惹事生非罷了，去派人把他帶過來！」

信差將袞列帶到碉堡後，首長暗自竊笑地說道：「你就是那個叫竹巴袞列的瘋子，是吧？

你這個惹龍來的傢伙，是不是忘了你們每人每年都要付一頭犛牛和九隻羊給羊卓雍措的浪卡子，還要付羊毛和肉稅給孜千？我可沒說你不用繳啊！而你非但沒有感激我，反而在甘丹山上殺了許多我的野生麝鹿來吃，又傷害了那裡的人。限你明天以前繳交一百個肉腔來，不得延遲！」

「閻羅王透過明鏡，公正映照出六道①眾生的業力審判，你也會得到根據自身福德所來的審判，」上師這樣告訴他：「不過，若你說明天一定要拿到肉，那就明天一大早，敞開大門來取吧！」

在他離去之後，人們好奇他會怎麼做，「他一定會用偷的。」人們說。

「只要拿得到肉稅，我才不管他是用什麼手段。」首長說道：「明天一大早就把門敞開，等他來！」

隔天一大早，當太陽從東方山頭升起時，從江孜谷傳來一陣吵雜和驅趕的叫囂聲，此時，上師驅趕著一百一十頭野麝鹿從甘丹而來。

①六道分別為天道、阿修羅道（非天）、人道、畜生道，餓鬼道與地獄道，一切有情眾生皆包含在這六道之中。

「你的肉稅來了！」上師對著首長大叫道：「要的話，就拿去吧！明天可就沒有了，今天你要多少，就有多少，就算是整個藏區的牲畜都可以。如果你不要的話，我會把牠們全部送上西天，關於這一點，閻王早已明示。」

「竹巴袞列，你這個瘋子！你要不是惡魔化現，就是佛陀的化身。把野麝鹿當羊一樣放牧，也不是什麼神奇的事！不過，我不能收活的牲畜當稅收，一定要肉腔才行。」首長這樣告訴他。

「那有什麼問題！」上師說道，便開始著手砍下鹿首，將牠們全部宰殺，屍首分離，隨後，他開始剝皮，並將血肉模糊的屍塊堆疊成山。

首長嚇壞了。「阿爸啊！阿爸啊！」他哭喊著：「瘋子竹巴袞列，我們犯大錯了！今後你和竹巴的子嗣都無須支付任何藏地的肉稅，把肉塊拿走，拿去市場上賣，並讓這些牲畜之靈解脫吧！」

「是你昨天向我說你要收肉稅，我才把這些牲畜趕來。現在，你跟我說你不要了，那麼這些牲畜可以回甘丹了。」語畢，他手指一彈並大叫：「回家去！」這些屍塊瞬間活了起來，各自尋找自己的鹿皮與鹿首，有些較小隻的鹿取了較大的頭，而較大的鹿則拿了較小的頭，就這樣跑回了甘丹山區。直到今日，仍然可以見到這些頂著不合適頭首的野麝鹿在甘丹山間奔跑。

當時現場人士，包括這位首長、屬下以及所有侍從，全都因此生起了無比的虔敬心，淚水從雙眼落下。他們雙手合十地向上師頂禮，並祈頌道：

「眾生唯一怙主，袞噶列巴！
仲夏飄來之南方高雲，
不察高升照耀之大日；
冬日吹來之冷冽寒風，
不察冰霜毀損之花朵；
吾等無明愚昧之大過，
不察袞列爲大成就者。
請原諒吾等無知愚鈍，
慈悲護吾不墮下三道！」

首長以頭觸碰瑜伽士之足而頂禮。日後，他則落髮易名，成爲一名在家菩薩。

上師回到酒家，繼續飲酒作樂。當地的少女們全都非常崇拜上師，並說：「昨天您宰殺了那些牲畜，又讓牠們全部復活，使得我們對您有極大的信心。」她們告訴上師說：「您過去世肯定是位佛菩薩，請爲我們說說您的前世吧！」

竹師這樣說道：

「我眾多的前世如環鬘，
哪一種生物沒投胎過，
雖也只有模糊的記憶，
但猜想應該是這樣吧！

今生如此之耽酒，必有一世曾爲蜂；
今生如此之貪愛，必有一世曾爲雞；

今生如此之嗔怒，必有一世曾爲蛇；
今生如此之懶散，必有一世曾爲豬；
今生如此之小氣，必有一世爲富人；
今生如此之無恥，必有一世爲瘋子；
今生如此之瞎謅，必有一世爲戲子；
今生如此之粗魯，必有一世爲獼猴；
今生如此嗜血肉，必有一世爲野狼；
今生如此屁眼緊，必有一世爲阿尼；
今生如此之拘謹，必有一世爲石女；
今生自掏財買食，必有一世爲上師；
今生如此之貪婪，必有一世爲侍者；
今生如此之自大，必有一世爲官吏；
今生如此愛騙人，必有一世爲商人；
今生如此之綺語，必有一世爲婦人；

以上是眞還是假，我自己也不能斷。妳們自己判斷吧！諸位意見爲如何？」

「雖然您表面上在述說您的前世，」少女們說，「但實際上，您是點出了我們的過失，對於您慈悲開示的皓恩，我們感恩於心。」

這時，上師來到了白居寺佛塔的佛學院，正好遇見一群僧人們在辯經，他一邊看著表演，一邊被坐在佛塔②邊上的貌美女子吸引了目光。這時，僧人的首座，一名老僧開口對上師說道：「您的神通與證悟成就令人讚嘆，但您不向佛塔與僧人們頂禮是大大的錯誤，並且有違佛陀的律法。」

「我是個老練的瑜伽士，在很久以前就把頂禮和懺悔的功課給做完了。」上師說：「但如果你要求的話，我可以現在就做。」因此，他開始對著少女與佛塔頂禮，並祈願道：

「非善逝八塔③類之美麗土胚，我頂禮；

非工匠天神④造之絕妙建築，我頂禮；
非高過十三天之十三相輪⑤，我頂禮；
非度母⑥軀之江孜少女面頰，我頂禮。」

「啊咔咔！」僧人們驚呼著說：「多麼粗俗啊！這個竹巴袞列真是個瘋子！」

「既然女人是成就這世上所有善惡的途徑，她便擁有智慧之母的本質。」上師告訴他們：「將來當你們在授戒師足下領受比丘戒，毫不考慮來世，以出離心供養金銀財寶之時，你們無

---

②佛塔（藏：mchod-rten，浮屠），「儲藏聖物或作為崇拜物」，塔式的佛教建築，圓形如覆缽的塔頂建築在有階層的基座上，其幾何式的建築結構象徵佛陀證悟的各個面向。

③善逝八塔分別為：蓮聚塔、菩提塔、吉祥塔、神變塔、降凡塔、和平塔，勝利塔與涅槃塔，每座佛塔設計均有細微的不同。〔譯註：善逝八塔為紀念佛陀八相成道，於佛陀涅槃後，將其舍利分為八份，供奉於八大聖地之佛塔中。〕

④藝術與工匠的守護神為毘首羯磨（梵：Vishvakarman）。

⑤十三相輪為藏式佛塔中塔剎十三重的造型，十三則象徵菩薩道行者所要經歷的十個階段（十地）與佛陀的三身〔譯註：法身、報身、化身〕。

⑥聖救度母（藏：Drolma，梵：Arya Tara），莊嚴相好的女性菩薩，是慈心與深度虔敬的體現。

「江孜少女之頰，我頂禮！」

疑就是進入女子雙腿間⑦的壇城。因此，這女子與佛塔對我而言沒有任何差別，都是我的皈依境。」

在家眾聽了紛紛大笑，但僧人們卻都板著臉，怒氣沖沖地看了他一眼後，轉身離去。「我們試著謹守至高的品德紀律。」鐵棒喇嘛開口說道：「而你卻來這裡嘲笑我們。」他隨手拿起棒子朝袞列打去。竹巴袞列則唱起了這首歌：

「工布之驕傲種馬，優雅造型無可匹敵，
藏域之黑馬，高高舉起白蹄，
雙雙奔馳寬廣平原上，
阿伯的馬童且做見證，
看看是誰先到經幡處！

⑦皈依佛需具有絕不妥協的出離心，內義為回歸到清淨母宮之中，而在這裡女性的生殖器官則代表著般若智慧（藏：shes-rab，梵：prajna）。「進入到女子雙腿間的壇城」乃是暗喻圓滿金剛與蓮花、上師與空行、方便與智慧之雙運。

孟加拉之孔雀，美麗彩羽無可匹敵，
藏域之冠鷲，揮動寬大雙翼，
雙雙展翅高飛無雲天，
巍巍的雪山且做見證，
看看是誰擁高瞻遠矚！

高踞枝頭之藍杜鵑，悦耳歌聲無可匹敵，
赤胸之公雞，鳴聲震耳欲聾，
雙雙應著節氣大聲啼，
世間的老夫且做見證，
看看是誰報時最神準！

兇猛之雪獅，傲慢威猛無可匹敵，
刺槐林⑧裡之印度斑虎，野蠻兇猛，

雙雙於刺槐林裡鬥狠，
貢千與阿尼且做見證，
看看是誰能稱霸山林！

吉祥佛塔之法台與堪布，班智達智慧無可匹敵，
而我，慈龍之竹巴袞列，對境之流中寬坦歇息，
雙雙以善惡取捨檢視，
究竟勝義諦且做見證，
看看最終是誰先證悟！」

上師唱完道歌後，在場群眾無不生起信心與虔敬心，並祈求上師護佑其此生與來世。

⑧此處的刺槐林是指位於印度阿薩姆與孟加拉北部之間的亞熱帶叢林。

在紫金寺（江孜下方）裡，僧人們正在舉行拜懺法會，上師依照一般的慣例供茶予僧，他在如釐牛眼大小的鈸裡放了少許的茶葉，並說：「免費把茶供養給大家。」「這些茶根本不夠三百個僧人喝。」他們告訴他：「走開！」上師想藉此機會以嘻鬧的方式使這些僧人開悟，因此故意在山上對著大小磐石，以橫跨大石卻刻意繞過小石的方式走路。

「看看那個瘋子！」僧人大叫：「看他是怎麼走的！」

「就和你們的修行一樣啊！」上師回道。

「這和我們的修行一點關係都沒有！」僧人們回喊道：「這大概是你的瘋子法門吧。」

「讓我來告訴你們，我的步伐如何與你們的修行一樣。」袞列解釋道：「佛陀闡述律典的時候，清楚說明了哪些是根本戒、哪些是支分戒，其中又以四根本戒最爲重要，而支分戒若毀墮了則非常容易修復⑨。你們這些人無視於根本戒，卻拼命修復微小的毀損，努力地在那邊做懺悔修法等等的。好好想一想吧！」他這樣說後，便離去了。

接著，上師來到後藏的崗欽曲培寺（Gangchen Chopel Monastery），並對那裡的僧人說，他的茶葉不夠供養他們在江孜的同修，所以只好拿來供養他們。

僧人們這樣告訴他：「這點茶葉也不夠供養我們啊！去去去！」

接著，他來到札什倫布寺⑩，並且轉告鐵棒喇嘛說他要供茶。鐵棒喇嘛請示上層，上層了知袞列是一位大成就者，因此告訴鐵棒喇嘛必須按照袞列所要求的去做。在獲得鐵棒喇嘛的允許後，竹巴袞列將他的茶葉，和一塊如雞蛋般大小的酥油，丟入一只大大的甕裡，闔上蓋子後交待說，在他回來之前都不能打開，然後就跑到鎮上的酒館裡喝酒並與少女們嬉戲。

當鐵棒喇嘛吹法螺要集合僧人的時候，伙頭僧向大家道歉說：「今天大家要喝白開水了，一個竹巴的跑來說要供茶，但他供的茶根本不夠大家喝，而且他到現在也還沒回來。」於是，他就把蓋子打開來偷偷一瞧。當他打開的時候，嚇了一跳，甕裡裝滿了上好的熱茶，而就在這個時候，竹巴袞列回來了。

---

⑨律典，有關道德戒律的規定，四根本戒為通攝佛陀身語意的三昧耶誓言與勝義的三昧耶誓言，而支分戒則是根據根本戒所分出的相關戒律。

⑩札什倫布寺，位於日喀則市，為歷代班禪喇嘛的駐錫地。班禪喇嘛，阿彌陀佛的化身，其政教地位與達賴喇嘛並稱。

「熱茶只能到這個高度了，」他說：「而且將來，這甕裡的茶都不會比現在更滿了。」在給僧人們供茶的時候，他又說：「我跟你們說，雖然我的茶葉不如巴掌大，酥油也只有如雞蛋大小，而你們僧眾卻有六千人，這茶也沒完全泡好。不過，大家就盡情享用吧！這茶香清幽甘甜，就是個吉祥的兆頭。」話說，直到今天，札什倫布寺的茶都還是這麼的清香。

隨後，上師說要爲僧人們供酒，而鐵棒喇嘛不允，上師卻堅持說這會是個吉祥的緣起。於是，他走到大殿的中央，放了個震天響的屁。「現在請享用你們的酒。」他對著僧眾說，頓時大殿內充滿了酒香。小沙彌們全都咯咯地笑了起來，老僧人們則紛紛掩起鼻子，皺著眉頭。據說，從那時候開始，在札什倫布寺大殿裡，坐在後排的沙彌仍聞得到戒香，而坐在前排的資深僧人們，卻怎麼也都聞不到大殿燃香的味道。

這時，竹巴袞列決定回到故鄉惹龍，他從帕那秀（Palnashol）向下走來，遇到了一位年約八十、名叫桑達的老人。他揹了一卷畫軸，裡面是一幅噶舉傳承的唐卡，畫工精細，但還缺最後的金紋開光。

「你要去哪裡？」上師問他。

「我要去惹龍找昂旺確嘉，請他幫我畫的這幅唐卡做加持開光。」老人回答。

「唐卡給我看吧！」上師指示道。老人把畫給上師看，並詢問他對畫工的意見。「還不錯！」上師告訴他：「但我可以讓它更好！」接著，上師便掏出陽具在唐卡上撒了一泡尿。

老人嚇到一時說不出話來，勉強開口說道：「阿爸喂啊！你這個瘋子，看你做了什麼好事！」然後，他開始啜泣。上師捲起還濕答答的唐卡，平靜地將它還給老人。「現在可以拿去加持了。」他說。

老人來到惹龍，見到了昂旺確嘉，他告訴法台說：「我為了累積福德，畫了這幅噶舉傳承的唐卡，本來打算拿來給您加持，結果半路上遇到個瘋子在上面撒尿，現在畫都毀了。」「請看，就是這幅畫。」

昂旺確嘉將畫軸打開，看到被尿潑到的地方，閃閃地散發著金子的光芒。「這幅唐卡不需要我的加持，」他告訴老人：「因為它已經用最好的方式加持了。」這位老人因而獲得無上的信心，並大大地感恩了一番。

「我的唐卡獲得與竹巴袞列本人無二無別的加持。」他泛著淚水如此說道後，便心滿意足地離開。據說至今，你仍然可以在不丹廷布的金剛座馬首寺看到這幅唐卡。

竹巴袞列繼續他的旅程前往惹龍，途中遇見了一位年約十六且具有一切空行母特質的尼師，名叫策旺帕總。「阿尼，你要去哪裡？」他問道。

「我要去城裡化緣。」她如此回答。上師預知這位尼師將爲他產下一子，於是叫道：「阿尼，今天你一定要獻身於我！」

「我自小就出家爲尼，」她回答道：「不知道該如何做。」

「那不成問題，」他告訴她：「我會教妳。」於是，他執起阿尼的手，將她推倒在路旁，前後與之交歡三次。

三十八週後，女尼產下一名具有各種瑞相的男孩。尼寺的法台昂旺確嘉打算收養這名男孩爲義子。當他知道男孩的父親爲竹巴袞列後，他告訴女尼，由於上師是位瘋聖，因此她並沒有毀損任何福德。然而，這件事被其他女尼們知道了，她們卻說：「普通女子可以享受魚水之歡，現在我們女尼也可以了！」

「要是因而產子，法台會追究的。」一位愚昧的女尼這樣說。

「我們只要說父親是竹巴袞列就好了。」其他人這樣說著：「這樣就無罪了。」

因此，女尼們紛紛起而效仿。隨其欲之所至，一年之後，整個尼院裡充滿了小孩。

「小孩的父親是誰？」昂旺確嘉生氣地問著。然而，所收到的答案都是一樣。「啊咔咔！」法台低呼：「這個讓我所有女尼破戒的瘋子，我一定要他負起責任！」

這件事傳到了上師耳裡，他來到尼院，命令所有的女尼聚集在一起，好讓他自己指認他的小孩。所有的母親帶著自己的嬰兒聚集在一起，有的說自己小孩的臉像上師，有些說手像，有些說腳、眼睛、鼻子等等。

「如果他們眞是我的小孩，那麼我會負起全責提供他們吃穿。」他說：「如果不是，那麼我就把他們送給吉祥天母⑪嚼碎了吃！」語畢，他隨手抓起自己那聰慧小孩的腿，開口向吉祥天母祈願：

「智慧之眼吉祥天母！
我，竹巴袞列，雲遊天下，
使年輕女子受孕如長髮，

⑪吉祥天母（藏：Machik Palden Lhamo）為極受尊崇的忿怒相護法女神——瑪哈嘎哩。

然而這些女尼欺上瞞下。
若確爲吾之子，請保護之，
若爲孽緣孽種，請盡食之！」

接著，他抓起自己的孩子在頭上繞轉幾圈後，便往附近的一片空曠草原拋去。當嬰兒落地後，天空中頓時響起一陣震耳欲聾的雷聲，而那片草原至今仍被叫做景雍竹達（Zhing Kyong Drukda），即護雷平原的意思。當雷聲大作的時候，在場的所有女尼全都嚇到抱起自己的小孩倉皇逃走了。

一日，昂旺確嘉夢到自己被軍隊追殺、被魔怨折磨。於是，他請求竹巴袞列爲他修持淨心的驅魔息解法。上師爲此做了一個要抓魔怨的贖死替身，爲它穿上僧袍、放上各式僧人配備。然後他又做了一張抓鬼的大網，好絆住魔怨，以及一個大到連男子一人都扛不動的巨大獻供食子。同時，他還造了一座壇城，並爲它進行三天的淨化法會。三天之後，村子裡的人知道上師即將進行一場盛大的法會，紛紛聚集了過來。上師吩咐大家一起來幫忙，有的人負責扛替身鬼俑，有的人負責拿繩網，有的人負責揹食子，還有人負責提黑色燈籠，其他人則負責拿別的供品及法器。上師另外指派一些人負責唱誦，一些人負責在天空中揮舞著黑色旗子。他自己則穿著咒師的袍子，頭戴黑帽，臉上塗了黑色的藥草膏，手裡拿著能刺殺魔怨的普巴金剛橛，以及一只以頭顱蓋骨製成而能收集靈魔鮮血的碗。一群人伴隨著鈸聲與骨笛聲，浩浩蕩蕩地來到了昂旺確嘉的住所。

昂旺確嘉看到所有的儀式皆如理如法地進行，感到鬆了一口氣。

「這個替身鬼俑是代你受罪的贖軀，」上師這樣告訴他：「晚一點，它就會不見了。」出於尊敬，他將假人放在昂旺確嘉的法座上，昂旺確嘉看了不禁一笑。接著，上師來到外面，出於娛樂大眾的目的，他開始慢慢地跳起對魔祈願的舞。當昂旺確嘉聽到眾人的驚呼聲時，他的心思感到極度散亂。上師舞畢，回到大殿內，舉起獻供食子用力地往假人的頭上甩去，並唱：「打啊！打啊！打掉昂旺確嘉的貪心！打掉他的嗔心！打掉他的痴心！打掉他的妄念吧！」當眾人咧嘴大笑的時候，昂旺確嘉被無比的惶恐淹沒。他往外偷看上師下一步要做什麼，看到上師正對著一瓶倒置的壺大力跺步，跳著金剛舞，試圖壓制魔怨，嘴裡吟唱著：「埋藏昂旺確嘉的所有欲望吧！」

接著，昂旺確嘉往內一看，發現法座上的假人已經消失，法台心裡這樣想著：「今天這個瘋子施展的神通，果眞讓我大開眼界！」

上師在施展驅魔的功力之後，又開始他四處遊方之旅。

上師回到了帕那秀，在這裡飲酒作樂，享受酒館的款待。酒館附近住著一名年約八十多歲的老婦，一無所有，只剩下一頭牛。上師透過遍知力，看到有位額頭扁平的竊賊想要來偷牛，於是他來到老婦家，發現她正在祈願：

「嗡嘛呢唄美吽！
遍知上師竹巴袞列，
請護佑我遠離此生、來生與中陰的痛苦與折磨。」

「老婦啊，妳在嘀咕些什麼？」他問道。

「我正在向上師祈願。」她回答。

「他大力跺腳跳舞，試圖壓制惡靈……」

「向哪位上師呢？」

「怙主袞噶列巴，」她說道。

「妳見過他本人嗎？」

「沒有，我從來都沒見過。」她說。「只聽過他的名號。」

「我就是竹巴袞列！」他這樣說道。

「當眞？」她詢問著。

「當然！」他向她保證。

「如果你是竹巴袞列本人，那我們今天一定要結個緣！」她如此挑戰。

不過老婦的年紀實在太大，以致上師完全無法舉起。

「那不如上師賜我幾句好話，讓我們結個法緣吧！」她最後這樣說。

「若要結法緣，那就念誦這個。」他說道：

「嗡嘛呢唄美吽！扁額的老頭來了！

嗡嘛呢唄美吽！張嘴伸舌⑫！

嗡嘛呢唄美吽！靜靜躺著！
嗡嘛呢唄美吽！現在東西偷走了！」

當她學會嗡嘛呢唄美吽這首祈願文後，上師就離開了。當天晚上，老婦外出透氣時，這個額頭扁平的小偷來到她的後院準備偷東西。老婦嘴裡唱著上師教她的祈願文，小偷心想老婦一定是發現他了，並且肯定有看到他吐著舌頭、靜悄悄地躺在那邊，所以只好放棄偷竊，無聲無息地溜走了。

由於上師的恩德，老婦的牛生了小牛，這隻牛就像是婦人的兒子般，一直陪著老婦直到其往生。後來有此一說，靠著上師的加持，老婦人投生爲一名空行母。

上師離開帕那秀之後，途中發現一間富有且具福氣的民家，於是走了進去。「如果你們有酒也有女人，我就留下。」他對著女主人這樣說。

「我們沒有女人，但有很多酒。」她回答。

⑫張嘴伸舌是奉承打招呼的象徵。

「那也可以，」他告訴她：「我會停留一晚。」

這家的男主人是虔誠的佛教徒，女主人非常仁慈，女兒則好善樂施，但她最近因丈夫死於天花而守寡，一家人全都傷心欲絕、食不下嚥。鄰居們試圖安慰他們，也都徒勞無功。他們全家沉浸在哀傷之中，終日哭泣。當他們三人聚集在一起的時候，上師進行了一場驅鬼儀式，並想辦法平撫他們的情緒，他說道：「人在世間，誰都逃不過病、老、死之苦。在我小的時候，父親死於家族內鬥，母親則受到親戚的欺負而痛苦不已⑬。莫再傷心，且聽我說這個故事！」

很久以前，在印度，當佛陀還在世的時候，有個名叫恩賜的人，他與妻子生了一個相貌莊嚴的兒子。在孩子長大成人且娶了媳婦後，佛陀爲了測試這對夫妻的虔敬心，化現爲一條蛇，並將他們的兒子咬死。稍晚，佛陀喬裝成一名僧人拜訪這對夫妻，發現父親正開心地在賭博。

「你失去兒子，卻一點都不感悲傷，人們會因而批評你的。」僧人如此說道。

「難道你沒聽過經書上是這樣說的嗎？」那男人這樣說：「且聽我道來！」

「三山頂之樹枝上，
眾鳥群聚暗夜裡，

黎明升起即散去⑭，
一切生命亦若是！」

後來，僧人發現孩子的母親正在市集裡歌唱，便說：「你對兒子的死毫不憂傷，人們會因而唾棄你的。」他告訴她。

「難道你沒聽過經書上是這樣說的嗎？」她告訴他：「且聽我道來！」

「意識之魂四處遊，
隨業之風而飄盪，
開始不知從何來，
末了難言從何去，

⑬密勒日巴的父親死後，其母親同樣遭受親戚的迫害。
⑭佛陀教導身體為因緣和合之物（藏：phung-po，聚，蘊集），乃是由五蘊：色、受、想、行、識所組成。

一切生命亦若是！」

最後，他發現兒子的媳婦，邊幹活邊唱歌。

「你丈夫才剛死，就在這裡唱歌，難道你不感到羞恥嗎？」他問她。

「僧人啊！難道你沒聽過經書上是這樣說的嗎？」她回答道：「且聽這詩句來！」

「三山頂上之樹木，
漂流到了三村界，
造船之人綑聚之，
腐敗離散終有時，
一切生命亦若是！」

僧人對此感到驚訝，但意圖再多測試他們一點。「他們可能對痛失親人不會感到悲傷，但肯定會對親人復活感到開心。」他這般思索之後，便立刻將那位兒子以嚴飾穿戴，送返家中。

然而，他們三人依舊沒有受到影響。由此可證，他們對涅槃的了證已達甚深程度，因此佛陀便教導他們禪定，三人最終均獲致了佛果。

袞列講完了故事之後，繼續說道：「你們三人因為過去世所種下的福德，今生才能夠聚集在一起，然而就像市集裡攤販上的顧客一般，你們終將別離，因此，沒有什麼好悲傷的。」

他們三人當下立刻了悟痛苦如夢如幻的本質，因此他們將財產捐贈給附近的僧院，身上僅攜帶佛法的所依物，各分東西，展開個人的修行之旅。父親前往「白顱山」（定日縣內的崗日多嘎），母親前往桑耶的青浦，寡婦則前往曲水。最後，他們三人皆獲得修道上的究竟佛果。

5

法尊遊歷至達波與札日
最終抵達不丹

白衣傳承①連綿不絕卓高雪山頂，
瑜伽士匯聚如飄冉白雲之中央，
如震耳雷聲盪氣迴腸之天龍語，
怙主竹巴袞噶列巴蓮足吾頂禮。

眾生怙主法尊竹巴袞噶列巴，遊歷來到札日，他在達拉岡波附近的路旁發現了一間小屋，裡面住著一個叫喉痂的啞巴傻子與他的妻子嘉雅母，而她是一位擁有所有空行母特質的女子。當時他們正喝著茶配著糌粑，上師認爲嘉雅母擁有絕佳的修道血統，決定納其爲法侶並帶領她趣入法道，於是這樣唱道：

「青白臉獼猴，擺盪於乾枯的桃樹間，
杏桃不甜也不酸，沒啥好期盼得到，

阿伯口袋裡的甜美好物，快來享用！」

嘉雅母了知上師含義，藉故要傻子夫婿蒐集柴火而將他支開，上師因而唱了另一首歌：

「見汝臀部之大小，
知汝本性愛欲強，
見汝薄唇之雅致，
知汝肌肉緊又壯，
見汝雙腿之有力，
知汝下盤穩又強。
且看妳表現如何！」

①此處的「白色」與「傳承」正是指噶舉傳承，藏語「噶」為口的意思，而「舉」則為傳的意思。

「我不知道要怎麼做，」嘉雅母回答：「但吾之谷實肯定很緊，因爲它從來沒被造訪過。」

「那傻子是怎麼做的？」袞列問道。

「他不知道裡外之別。」她告訴他。

「我可知道裡外之別。」袞列說道，立即趨前共赴雲雨。此時嘉雅母的空行母特質也被喚醒，她受修道所吸引，祈求上師帶著她一同上路，上師知道她是合宜的法器，於是同意。當傻子夫婿喉痂回來後，她就騙他說自己要到山上獵捕一些肉，並在午夜以前就會回來。於是，她收拾一些必需品後，滿懷信心地追隨上師而去。

三天後，上師告訴她，她的夫婿仍四處呼喚尋找著她，而她則將因拋夫所產生的愧疚，在法道上產生嚴重的障礙。然而，上師仍指示她要禪定七日，便將她送往札日神山②進行禪定，並告訴她，他將隨後到訪。

當竹巴袞列來到了達拉岡波寺③後，他看到一群貢千、僧人、尼師、男女居士，正虔誠地進行八關齋戒④中的大禮拜。上師也來到人群的另一頭，開始一邊口誦此詩文，一邊進行大禮拜：

「無生無滅清淨之法身佛，我敬禮！
無形受用圓滿之報身佛，我敬禮！
無所不在幻化之化身佛，我敬禮！
具足佛陀相好之上師眾，我敬禮！
賜予了證成就之本尊眾，我敬禮！
成就圓滿事業之空行眾，我敬禮！
遣除法道障礙之護法眾，我敬禮！
廣大甚深之正法教，我敬禮！
持守戒律之聖者眾，我敬禮！

②札日神山（藏：Tsa-ri rdza-spyil）位於工布與達波地區南部。
③達拉岡波寺乃是密勒日巴的主要弟子——岡波巴所創建的寺院。
④八關齋戒，此每月或每季進行的儀式，提供在家弟子一個機會，能夠在大悲觀世音菩薩面前頂禮以重新受戒。頂禮的祈願文分成兩部份，前半段為向聖者虛心祈願以證得佛果，後半段為對世間染污進行懺悔與求得世間成就。如此一來，世俗成就與勝義佛果皆得成辦。文中的祈願文為竹師的詼諧改編版。

見地無邊之瑜伽士，我敬禮！
無所緣境之貢千們，我敬禮！
心無僞善之咒師們，我敬禮！
本然成就之所求果，我敬禮！
無需辯護之追隨者，我敬禮！
爲能成就菩提我今如是謙恭敬禮。

爲能成辦世間事業我作如下敬禮：
積累福慧而得大樂者，我敬禮！
造作惡行而致痛苦者，我敬禮！
隨遇而安知足瑜伽士，我敬禮！
拒聽取請願之官員耳，我敬禮！
拒聽從指示之僕役心，我敬禮！
向有而吝食之富人口，我敬禮！

向積而不聚之窮人財，我敬禮！
向不滿妻子之偷情者，我敬禮！
向高談闊論之讒語者，我敬禮！
向不信老人言之少年，我敬禮！
向不懼死淫婦之會陰，我敬禮！
向不孝忘恩之子孫們，我敬禮！
向身著僧袍之破戒者，我敬禮！
向沉溺言辭之堪布們，我敬禮！
向貪嘴好吃之貢千們，我敬禮！
向追求自利之功德主，我敬禮！
向賣法求財之商人們，我敬禮！
向私下斂財之出家眾，我敬禮！
向從不傾聽之綺語者，我敬禮！
向從不戀居之乞丐們，我敬禮！

向從不滿足之蕩婦臀，我敬禮！」

當他說完，有些人開始大笑，有些人說他瘋了，有些人說他只是喜歡耍嘴皮子。

「他既不是瘋子，也沒有胡言亂語，」達波崔津敬安仁波切⑤說：「你們全都錯了，他是一位具有神通的瑜伽士，你們應該請求他的原諒。」於是，眾人向上師頂禮，並請求上師給予加持與祝福。隨後，敬安仁波切慷慨親切地款待他，並為他準備一間客房，盡其所需地接待他。

「今日我甚感開心，正好適合來做一首『遙喚上師祈請文』。」袞列這樣說。因此，他這般唱起了祈請文：

「吾師拉傑索南寧千⑥，祈請悲心垂眷顧！
過去福德之所致，今獲暇滿之人身，祈請上師垂憶念！
轉法道一切事業，入涅槃而離憂慮，祈請上師垂珍愛！
具一切生活所需，無須工作與薪酬，祈請上師垂護衛！
安居舒適客棧內，無須田裡作粗活，祈請上師與我同在！

恆視客棧爲己家，對此亦不作執著，祈請上師垂護佑！
師與己心視無別，離於外境諸攀緣，祈請上師令我清晰得見您！
任由實相寬坦在，免於世間諸追求，祈請上師垂知鑒！
不受爭論所煩擾，免於宗派勸說論，祈請上師與我同在！
禪定不著於外境，離於昏沉與掉舉，祈請上師恆時在！
行止自然任運成，毫無僞善與自欺，祈請上師垂引導！
了悟成就本然達，離於希望與憂懼，祈請上師垂護佑！
了知三昧耶眞義，免落僵化戒律之陷阱，祈請上師眼中能有我！
前已植下發願種，今即無須作決策，祈請上師垂加持！
教導聽話小姑娘，無須與老母爭辯，祈請上師住我心！

---

⑤敬安仁波切，直貢噶舉之上師，帕莫竹巴（西元一一一〇年至一一七〇年）之弟子轉世，主寺位於丹薩替寺與直貢梯寺。

⑥拉傑索南寧千可能為拉倉巴大師的別名。

女友美色未褪先離開，避免後悔與悲傷，祈請上師垂觀照！
爲己擔任侍者與管家，避免受控於僕人，祈請上師與我同在！
甘居下位，避免成爲身陷八風⑦之傲慢師，祈請上師垂救度！
一切生起皆喜作，一切離去皆樂捨，祈請上師悲心垂眷顧！」

在上師唱完這首美麗的祈請文後，僧尼們紛紛供養茶與酒，其他人則因深切的虔敬心而自然跪下。敬安仁波切同樣感到非常高興，並說：

「以幻相爲修之瑜伽士啊！
凡所到之處皆爲佛學院，
凡所在之地皆爲隱修處，
於您到訪處，可曾見過什麼好行者？」

上師這樣回道：

「瑜伽士我啊！四處漂泊，去了個噶舉的佛學院，
那裡的僧侶人手一杯酒，我擔心自己變成酒鬼，只好摸摸鼻子走了。
瑜伽士我啊！四處漂泊，去了個薩迦的佛學院，
那裡的僧侶致力於分別門派，我擔心自己放棄正道，只好摸摸鼻子走了。
瑜伽士我啊！四處漂泊，去了甘丹寺⑧的佛學院，
那裡的僧侶都在找男友，我擔心自己元精流失，只好摸摸鼻子走了。
瑜伽士我啊！四處漂泊，去了個貢千的修學院，
那裡的貢千都在找愛人，我擔心自己成了阿爸又要養家，只好摸摸鼻子走了。
瑜伽士我啊！四處漂泊，去了個寧瑪的佛學院，
那裡的僧侶渴望跳金剛舞，我擔心自己成了專業舞者，只好摸摸鼻子走了。

---

⑦世間八風為樂與苦、稱與譏、利與衰、譽與毀。
⑧甘丹寺為宗喀巴大師所建立之第一間寺院，以其嚴格的學術研究與品德紀律為格魯傳承打下名號。「甘丹」為藏語音譯，兜率天之意，創建者以此含義期許此寺。

瑜伽士我啊！四處漂泊，去了山岳上的隱修處，

那裡的僧侶忙著積聚世財，我擔心自己會對上師破戒，只好摸摸鼻子走了。

瑜伽士我啊！四處漂泊，去了屍陀林墳場，

那裡的施身法修士[9]正爲名利修法，我擔心受制於鬼靈，只好摸摸鼻子走了。

瑜伽士我啊！四處漂泊，跟了個朝聖隊伍，

朝聖者舉目所見皆須交易，我擔心自己成了貪心的商人，只好摸摸鼻子走了。

瑜伽士我啊！四處漂泊，去了個閉關之地，

那裡的閉關者都在曬太陽，我擔心自己在安穩小屋裡太過放逸，只好摸摸鼻子走了。

瑜伽士我啊！四處漂泊，曾在祖古上師的座下求法，

上師常因法財而分心，我擔心自己變成蒐集癖或守財奴，只好摸摸鼻子走了。

瑜伽士我啊！四處漂泊，曾與侍者同住，

侍者視上師爲搖錢樹，我擔心自己變成弟子的僕人，只好摸摸鼻子走了。

瑜伽士我啊！四處漂泊，去了富人的家，

守財奴如地獄眾生般正在抱怨，我擔心自己投生爲餓鬼藥叉王[10]，只好摸摸鼻子走了。

瑜伽士我啊！四處漂泊，去了窮人的家，
窮人們典當家產祖產，我擔心自己給大家丟臉，只好摸摸鼻子走了。
瑜伽士我啊！四處漂泊，去了佛法中心拉薩，
那裡的老闆娘覬覦客人的打賞，我擔心自己成了個馬屁精，只好摸摸鼻子走了。
瑜伽士我啊！四處漂泊，漫遊四方，
眼見皆爲自討苦吃的自利者，我擔心自己成了個自私的人，只好摸摸鼻子又走了。」

「你說的完全正確。」敬安仁波切同意地說道。隨後，他們兩位互相告別，各自進行自己的事業，而上師則繼續他的旅程前往加玉（於今隆子縣）。

⑨斷法（常稱為施身法），密乘的一種修法，儀式中大量筵請空行母與地祇神靈前來享用行者之血肉身軀，藉此達到懺罪與淨化。

⑩餓鬼藥叉王為餓鬼與財富之主，投生為此乃因過去於三摩地修行是以貪欲為發心與對境。

到了加玉，上師暫住在一位地方官員的家中，與一些格西、貢千以及僧人們一同接收官員豪華的款待，他們一起喝酒聊天。

「你不穿上師、僧人或證道者的法袍，」一位年紀較長的格西這樣責備上師：「如此隨興而為，對一般老百姓是非常不良的示範。你應該找個地方定居下來，而不是像野狗一樣無所事事，到處遊蕩。你讓所有修行的人蒙羞，你該怎麼說？」

上師回答道：「如果我成了上師，就會變成弟子的奴隸，喪失行動的自由。如果我成了受戒和尚，就要一直持守戒律，可是又有誰能完全不破戒呢？如果我成了聖者，就得一直發掘自心本性，可這自性本來就是自證自明的！世人是否認為我是個壞榜樣，完全看這人是否有智慧。再說，如果有人打定主意下輩子要在地獄過日子，就算他打扮成佛陀的樣子也救不了他；而若是有人注定要成佛，他身上穿什麼一點都沒有關係！而且，他的所作所為不論如何，都是自然且任運地清淨。期望有個永久的居所，或受制於任何固定住所，會讓人遠離法道，因為這會強化『我』與『我所』的想法。現今的出家人備受尊重，因此他們對於煩惱的執著肯定大過在家人。當初建立寺院的動機，是為了提供行者一個禪定之所，這樣的發心值得讚賞，然而為大眾提供庇護的這份初心，最終卻演變成對廟產的爭奪、對廟名的爭論。原先的神聖殿堂，成了小偷的巢穴，因為每個人都已被自私的欲望所淹沒。」

格西們因上師這番諷刺的說法而大受感動，完全同意上師所言並由衷地感謝他。接著，他們詢問上師有關他的見地以及誓願。上師以此道歌回答：

「於眾皈依之三寶，雖未恆時誠祈請，
誓願守住三乘戒⑪。吾友！心中當持此誓言！
於致菩提佛本尊，雖未持誦及觀修，
詛咒憎恨誓能斷。吾友！心中當持此誓言！
實相護法禦賊敵，雖未隨喜食子供⑫，
誓不招災於違緣。吾友！心中當持此誓言！
本然清淨禪定觀，掉舉昏沉雖未離，

⑪三戒（藏：sdom-pa gsum）分別為規範道德品行的上座部別解脫戒，大乘的菩薩戒，以及金剛乘的三昧耶戒。
⑫薈供（藏：tshog-'khor），對諸佛護法眾供養各種妙欲物，包括以青稞粉揉製而成的食子（藏：torma）。

名色實有誓能破。吾友！心中當持此誓言！
一日四時之法則，雖未按其道而行，
表裡如一誓不欺。吾友！心中當持此誓言！
斷證圓滿無上果，雖未全盤透徹悟，
誓不希冀來世果。吾友！心中當持此誓言！
覺受難表難思議，雖未封起閒散心，
妄想造作誓不依。吾友！心中當持此誓言！」

現場群眾們聽了，莫不因而生起虔信，紛紛合掌向上師禮敬。隨後，竹師根據在場人士之個別根器與需求，給予更深廣的教學與指示。

眾生怙主法尊袞噶列巴在前往札日神山的途中，巧遇後藏的瘋聖僧給才千，以及前藏的瘋聖烏雍昆嘎桑波⑬。三人發現彼此心意相通，決定共赴札日聖地。爲了日後眾生的利益，他們決定在此留下一些殊勝吉祥的聖跡。前藏的瘋聖在岩石上留下一個清晰的足跡，後藏的瘋聖也把石頭當泥巴，在上面留下手印。

「就連我的狗也有這種本事。」袞列嘲弄地說道，語畢，他抓著獵犬的一條腿，在岩石上留下狗的爪印。據說直到今日，人們還是可以看見這三個聖印。

這三位嘿嚕嘎⑭對彼此以神通所施展的神跡與幻化，有著高度的尊敬。最後，他們於剎那間繞行神山的基座、山肩、頂端，便彼此道別離去。

此時，上師決定再訪嘉雅母，他詢問當地人是否知道達波女嘉雅母的蹤跡。當地人跟他說，該女在一年前僅帶三天份量的糌粑前往山上禪定閉關，然而通往岩洞的路卻因山崩而損壞，目前推斷，少女應該早已往生。上師爲此向眾神護法修持了一場薈供，山路因而打開，上師便啟程前往尋找達波女。當他發現她的時候，她正定目凝視，維持在甚深禪定中。

---

⑬僧給才千（Sangye Tsenchen，西元一四五二年至一五〇七年，譯註：又稱章雍嘿嚕嘎），編寫密勒日巴傳記，昆嘎桑波（Kunga Zangpo，西元一四五八年至一五三二年）則與竹巴袞列一樣以其瘋狂智慧度化世人。

⑭嘿嚕嘎（梵：Heruka），瑜伽士進行生圓二次第之忿怒尊觀修，若達圓滿時將與本尊之力量與明覺無二無別。

「喔！嘉雅母！」他叫道：「妳還好嗎？」

她立即回道：

「吾皈依於吉祥上師尊，
教導甚深法教之師尊！
立於無間禪定之尼吾，
欲於此生證得佛果位。
上師啊！此願成眞否？」

竹師留下來教導她三日，在上師離去不久後，嘉雅母便證得了光明身。

竹巴袞列回到了加玉，加玉堡的屋頂上正舉行對眾神護法獻供的薈供，他看到一些住在不丹小帳篷⑮裡的遊牧民族，醉醺醺地在那裡飲酒作樂，地方官確嘉林巴也在那裡一起同樂。袞列加入他們的行列，一同飲酒。一會兒，眾人請求他唱首歡喜的歌，於是他唱道：

「歡喜吾非一般法事之上師，
忙著累積信眾、神通與財富，就沒有時間享受生命的豐富。
歡喜吾非經院之僧侶，
渴望尋求小沙彌來當愛人，就沒有時間研讀經部與續典。
歡喜吾不在高山深處修行，
沉溺於覺嫫的微笑，就沒有時間深思三律儀之要。
歡喜吾非施行黑法之咒師，
善於奪取他人性命，就沒有時間培養慈悲心。
歡喜吾不在屍陀林修施法，
將自身供養給鬼神護法，就沒有時間斷除妄念之根。
歡喜吾非阿爸非一家之主，
忙著餵養嗷嗷待哺之口，就沒有時間在美好天地遨遊！」

⑮不丹小帳篷，為不丹遊牧民族所搭建的黑色帳篷。

唱畢，人們獻以更多的酒。當晚，他住在女尼耶喜措莫家中。幾天後，他便啓程前往洛扎。

竹師來到洛扎的時候，在此巧遇達惹巴大師（Takrepa）⑯。大師對上師說：「我想要對你唱首讚頌的歌，但不知道要怎麼開始，不如由你爲自己做一首吧！」

「我沒有什麼功德好讚揚的，」上師回答：「不過我還是勉爲其難地爲你做一首。」

「神變幻化流中之舞蹈者，
矛盾謬論混亂之調和者，
轉大樂空性輪之持明者，
了悟萬法詭詐之英勇者，
世間貪愛作嘔之頑抗者，
穿透他人妄念之修行者，
鄙視輪迴價值之流浪者，
何處歇何處家之輕旅者，

以自心爲上師之行腳者，
了知萬法心造之勝利者，
見微知著之緣起預言者，
啖萬法如一味之瑜伽士，
此皆爲吾所穿戴之面具！」

接著，竹巴袞列來到了聖地卓沃隆（Drowo-lung，馬爾巴的故鄉，噶舉傳承的發源地）、謝康秋都瑪（Saykhang Chutokma，密勒日巴所建之十層高塔）、壇堐隆巴岩穴（Tanyalungpa），以及其他聖地。隨後他在噶曲（Karchu）翻過一座山後，來到了蒙地（不丹）⑰的布姆塘⑱，第二佛

⑯達惹巴（藏：sTag-ras-pa），「披虎皮者」之意。

⑰不丹一直到十九世紀才成為一個有政治主體的國家。蒙地乃是其藏文名稱（藏語意指佛法未達的蒙昧之地），範圍包含從喜馬拉雅山脈的雪巴地區一直到現在印度的那加蘭邦。珞或珞南（南方之意）、珞門（南蒙地區，即書中所指的不丹）、隆（南方溝壑）、珞炯（南方谷）皆為竹巴袞列主要遊歷的地區，不丹人自稱此地為「竹域」，意為龍的後裔之域。

⑱布姆塘位於不丹中部的一個古代要塞，座落在一片平原上，外觀形似一只寶瓶，因而有布姆塘（敞開之瓶）之稱。

蓮花生大師曾在這裡的一塊岩石上留下了身印。上師在此坐下入定，並對蒙地的姑娘們做了個勾召的眼神。

「有位藏地的瑜伽士來到了我們這邊，」她們口耳相傳著：「咱們帶酒去求見，看看能否和他以身與意結緣。」

然而，就在上師與蒙地的少女們飲酒作樂之際，蒙地正值鐵鎬王當政，他知道這件事後非常生氣，打算對上師下毒，結果不成。隨後，他又對上師射以毒箭，卻又射不中。在接連兩次失敗之後，蒙王了悟上師乃是一位大成就者，便對上師生起極大的虔敬。上師將此視為善好的緣起，於是在此地建了一座名為蒙喜拉康（Monsib Lhakang，蔽蔭寺）的小寺院，除了指派一名上師在此傳法，也為三十名僧人剃度受戒。此即為竹巴傳承在東疆發展傳佈之始。

他開啓了蒙地未出嫁少女們的法緣⑲，一直到現在，人們還是可以在這裡看到肌膚柔軟卻能承受重擔的法侶。竹師根據男女眾各自的修行程度與虔敬心，教導他們關於業力的教義，並指示他們持誦觀音或蓮師心咒。

上師為了向眾人解釋自己的行為，便對他們這樣說：「我不是因為房事不滿足，才來蒙地勾引你們的女孩。而是，雖然我只有些微能力，但願意來此為你們稍作闡示；也只有些微善心，但願意來此與你們分享少許善德。我也不是為了乞衣求食而流浪到這邊，正如你們所見，我放棄了所有的供養，就算你們供養我一大把的花椒[20]，我也是會拒絕的。」人們由於他的這番話語，而感到心滿意足。

為了尋找布姆塘著名的證悟伏藏師——貝瑪林巴[21]，袞列在市集裡發現了他，而這位伏藏師正在法座上說法。上師集結了一群小孩，爬到一處岩石上，開始模仿伏藏師。

「我在這邊開示大圓滿的見、修、行，」伏藏師看到袞列之後這樣說：「而你這個乞丐在這邊幹嘛？」

⑲直到今日，在印度某些地區，仍然有少女在廟宇裡度過幾夜的聖禮習俗，她們相信「神會因此降臨到她們身上」。而在藏地，一些漫遊的瑜伽士會教導少女基本的性行為。

⑳花椒粒（藏：gyer-ma），在辛香料為一大奢侈品的地區，其貴重相當於黃金。

㉑伏藏師鄔金貝瑪林巴（西元一四四五年至一五二一年），乃是蓮花生大師的化身，前世為龍欽巴尊者。寧瑪派五大伏藏王中的第四位，蓮師所授記的一百零八部伏藏的掘藏者之一。伏藏師（藏語：德童，讓隱匿物展顯的人或證悟的詩人），在密乘或寧瑪派中，指能夠發掘由蓮師親自封藏起來的伏藏，或解讀以空行文字寫成的經文之人。

然後，上師就唱了關於大圓滿[22]見、修、行的道歌：

「岡仁波齊峰[23]雖高聳入天際，
亦需綠鬃雪獅來發揚；
大圓滿見地雖崇高矣，
有志者尚需識得心性。

大海之底床雖深邃矣，
即使魚也還需習泳技；
經部之論述雖深奧矣，
初學者尚需培養禪觀。

伏藏之源印母雖多矣，
大多卻喜如修士戀人；

戒行律儀教導雖細矣，
甚深續部方爲究竟義。」

唱完，伏藏師以此頌回覆：

「空性之見謂之見道，
離於有與無之兩邊；
見者乃眞無物存在？
依所緣見則非見矣。

㉒大圓滿（藏：rdzogs-chen），密乘的最高成就，並且是獲致佛果最迅速的修行途徑。行者被引入壇城的中心，依三昧耶而能了證其自心與宇宙壇城的空性無二無別。大手印修行的目的亦是如此，只不過修行途徑較為溫和，危險性也不那麼劇烈。

㉓岡仁波齊峰（岡底斯山），形似林伽（譯註：印度教的男性生殖器像）的一座高山，座落在西藏的西部，佛教與印度教都認為此山為宇宙的軸心——須彌山。印度教徒則認為它是濕婆與妻子帕爾瓦蒂的居所，而佛教徒則認為它是勝樂金剛的壇城。

甚深奧秘謂之修道，
離於有與無之對境；
對境若無則無以修，
對境若有則非修矣。

德行取捨謂之行道，
離於有與無之取捨；
分別若有非圓滿行，
迎拒若無豈是德行？」

說畢，上師則以此詩句回答：

「大平等見若了證，
勝義悲心終現前。

無幻無修謂之修，
安住於心本來處。
四時事業任運成，
善緣惡緣無分別。」

伏藏師聽後甚感心喜，脫下帽子說：「您眞是位高人。請問依止上師何名？聽聞法教爲何？修行之道爲何？」

上師如此回答：

「啊喝嗚唉呵！
吾發現一位大比丘並拜爲師，
懇求賜教大乘法教之菩薩戒；
修行慈愛他人並謙虛自度，
因而獲得菩提心之善業。

吾發現一尊金剛持㉔並拜爲師，
懇求開許四灌頂覺受；
修行『生起』與『圓滿』㉕之雙運，
因而獲得天界本尊之善業。

吾發現遍攝勝樂者並拜爲師，
懇求賜教本初心性法；
修行不攀緣任何覺受，
因而獲得入於無邊自在界之善業。

吾發現一座藏經閣並拜爲師，
懇求賜教普世眞理之道；
修行整合所有法教之途，
因而獲得視諸色相爲清淨之善業。」

「您果眞是一位了證空性的瑜伽士，」伏藏師這樣說：「請問家族、傳承法脈爲何？大名爲何？」

「吾之家族門第，
乃藏巴嘉日之後裔是也；
吾之法脈傳承，
乃大手印一脈相承是也；
吾名瘋癲蟠龍，衮噶列巴是也。
非乞衣覓食之流浪漢，
乃捨親人家園之依戀，
雲遊四海無間斷是也。」

㉔金剛者/金剛薩埵（梵：Vajrasattva），大圓鏡智的象徵，男性力量（金剛杵）與女性力量（金剛鈴）之雙運，與金剛乘戒律有關的本尊。

㉕觀修外相之生起次第與認知外相自性為空之圓滿次第，兩者必須俱時修行。見第一章，注釋十五。

說完，伏藏師妥善款待上師，而上師則停留在此地幾天爲大眾講述佛法。

不久後，竹巴袞列離開布姆塘，經由洛扎回到了藏地，最後來到羊卓地區的甘札鄉。當他在這裡與一些甘札鄉民喝酒聊天時，幾位孔武有力的箭士提議要與他來一場箭術比賽。

「要賭什麼？」瑜伽士問。

「你賭你的馬和身上的衣服，我們則賭我們的收成。」甘札鄉民們這樣提議著，他們心想要贏過一個孱弱的乞丐不是一件難事。上師同意了他們的提議，便開始比賽。最後，甘孜鄉民們的箭紛紛射歪了，瞄不準靶心而輸了比賽。於是，他們拿了一些肉和酒來，要給上師當作勝利者的獎賞帶走。

「我們要依約履行當初的賭注，」上師回答：「你們可不能反悔。」

「那麼請取河裡的魚吧！」他們這樣說：「那就是我們的收成。」

「是啊！是啊！」上師沾沾自喜地說道，立刻取筆寫下此字條：

「嗡！閻王生死簿上，

啊！無生虛空之許，

「……心想要贏過一個孱弱的乞丐不是一件難事……」

吽！真實法爾之力，

竹巴袞噶列巴之信，傳予海龍王母措門嘉莫，

在與甘札鄉民之箭術比試中，我贏得了河中之魚。因此，在我撤回此書之前，無論

大小魚兒，大至如舟、小至如針，切勿再允許其出現。

狗年五月初七書於廣明宮」

他將字條投入河中，不一會兒，河裡連半條魚的蹤影也看不見了。

大約一個月過去，飢餓的鄉民們帶著供品前來找上師，他們對上師說：「尊貴的法尊，您是一位將眾生利益置於心間的菩薩。」

「請勿讓我們如此飢餓而死。」

「現在我被夾在兩顆磨石子中間，很難做人啊！」上師回答：「好吧！且讓我寫信給閻王求求情吧！」

因而，他這樣寫下：

「遍智諸佛所指派、善惡賞罰之明鑑，業力審判者、法尊死主閻王足前我跪求，對您善惡賞罰如此分明吾甚感欣喜，感謝您對此事之審判：

一個月前，在與甘札鄉民的箭術比試中，我贏得了河中之魚，如今他們因飢餓來懇求我放了那些魚。是該救河魚之命呢？還是該把牠們拿去餵甘札鄉民呢？懇請您明察審判後，再捎信給我。

竹巴袞列書於人間之章巴嘎（Drampaga）。」

此信送出不久後，立刻收到回信：

「竹巴袞列書信悉收，詳讀內容後，判決結果如下：眾生皆須因其造業而受苦。這些魚因過去造業而被捕獲，我們能救的有限；很可惜牠們不是出生於羊卓雍措，所以在業力耗盡前，牠們都必須以魚之身投胎。再者，甘札鄉民若不以魚肉爲食，仍會以其他畜牲鳥禽爲食，因此，倒不如讓他們食魚肉。唯須先以切斷鰓內神經來減輕魚類受苦，切勿將魚丟在沙地上任其慢慢死亡。

閻王書於鐵顱城。」

上師一收到信，立刻寫信給海龍王母措門嘉莫：

「基於前封書信提及河中魚之自由，我已獲得閻王的重新審判，得以釋放這些魚。因而，在此我撤銷先前命令，懇請您賜與河中魚兒的自由，令其再現。」

在他送出信件後沒有多久，河裡的魚兒又像往日一般地出現在河中。

6

調伏不丹魔障
引領當地老人趨入解脫道

以非二元箭射穿二元因，
任運能斷一切妄念命根，
消滅主客二元之瑜伽士，
吉祥之袞噶列巴我頂禮。

當眾生怙主法尊竹巴袞噶列巴借住在羊卓的浪卡子縣內一名叫心善媽的婦人家中時，他做了個夢。夢中一名身著黃裙、手持一把熾燃長劍的女子，對他說：「竹巴袞列，現在，前往不丹行使教化與清淨事業的緣起已經來到，你將在那裡留下法脈，並對竹巴傳承將來的發展會有很大的裨益。明日一早，你定要向南方射出一支箭，做爲即將到訪的先兆。」說完，該女子隨即消失，而袞列也醒了過來。

上師了知此乃煙炭天母①的授記。

隔天一早，他把弓上了弦，向南方天空射出一支伴隨著嗚嗚聲的箭。「爲利益一切眾生與傳承，向南方遠遠飛去吧！」他這樣吟誦著：「並落在有註定善緣的女子家吧！」

整個羊卓山谷的人都因這支箭所發出的聲音而激動不已，人們驚恐著說：「冬天裡爲何會有蟠龍叫聲（打雷聲）[②]？」

「是竹巴袞列射出的箭所發出的聲音。」小孩們大叫著。

這支箭最後落在不丹的杜波西隆（Topa Silung）地區[③]，當地一位富裕且深信佛法的高原人——多巴策旺家中的屋頂上。那戶家裡的人以爲是地震來了，紛紛跑到戶外，後來才發現是一支插在屋頂上且還在顫動的箭，使得整間屋子搖了起來。

策旺的年輕老婆對此景象所象徵的預兆感到懼怕。

「莫要爲此感到驚慌，」策旺說：「這表示我們即將獲得一子。快去洗洗手，將箭拿到屋裡來。」

①煙炭天母（藏：Dusol Lhamo，梵：Dhumavati Devi），吉祥天母的化身之一。
②不丹的冬天為乾季。
③杜波西隆地區（藏：sTod-pa si-lung 'gram 'og-ma）。〔譯註：此處位於現今不丹廷布以東河谷。〕

婦人將箭以哈達包裹，並拿到佛堂裡放好。

其間，竹巴袞列正從浪卡子下來尋找他的箭。他跨越了帕里德莫麓口④，來到了南方山谷這個人間仙境。在嚎啕岩（介於帕里與帕羅之間）附近，他發現一些旅人在岩邊紮營，便詢問他們是否可共宿一晚，他們則要他睡在洞穴口。當天晚上，他聽到那些人在睡前低聲的說道：「嚎啕魔王鑒知啊！」

上師便在睡前也跟著說：「吾自鑒知啊！」

睡到半夜的時候，他被一個怒髮衝冠的魔王給叫醒：「你剛剛在請誰鑒知啊？」魔王責問道：「你有什麼本事，亮出來看看！」

「我有這個！」上師回答道，便將他那如鋼鐵般堅硬的陽具展示給魔王看。

「喝！你那東西頭部像蛋，腰身像魚，根部像豬鼻子，」魔王嚷叫著：「那是什麼怪物？」

「我會讓你知道這是什麼怪物！」袞列說著，便將他的「智慧焰雷」金剛杵朝魔王甩過去，正好打中他的嘴巴，將他的牙齒打落滿地。魔王立刻逃之夭夭，但不久就回來而現出祥和的原形。上師爲其說法，並以誓言約束，令其成爲佛陀的護法。從此，噶嗡魔王便不再危害旅人⑤。

在辛卡饒（ShingKharab，往帕羅的路上），上師前往一處由一名嗜吃人肉之魔女所盤踞的地方。他在一棵樹下等著，直到魔女以妙齡女子的樣貌走近上師。

「你打哪兒來？」她問道。

「我打藏地來，」上師告訴她：「妳呢？家在哪裡？在這裡做什麼？」

「我住在山裡，」她說道：「而我下山來尋覓衣食。」

「妳吃什麼？穿什麼？」上師問她。

④帕里德莫麓口（藏：phag-ri sprel-mo la），介於西藏洛扎與不丹帕羅谷之間的山麓口。

⑤魔（有男有女，藏語分別為 bdud-po 與 bdud-mo），中古世紀歐洲大衆於心態上認為魔是外在、抽象的個體；然而在具有高深學養的上師心中，魔是聚集一切有毒、貪愛心識的投射物，而這種被轉移的力量有必要將其與壇城或集體意識結合，以便它們得以療癒或轉化。偉大的蓮師以同樣的方式降伏了藏地的魔障，將他們融入壇城並成為具有忿怒相的護法或法教的慈愛媒介。竹巴袞列以其無畏與圓滿的智慧調伏了不丹的魔障。

「我吃人肉、穿人皮！」她恐嚇著說道。

「那把這個穿上！」上師一邊說著，一邊展開他的陽頭皮將女子披覆住。「願妳夏季被雨淋，冬季被冰凍！」

魔女動彈不得，只好投降，而上師則以加持力用誓言約束之。

上師在東帕羅宗的曲域向下走的時候，他發現自己聲名遠播，人們將他比喻成如黎明初昇時的光輝燦爛，在此他見到一名年約百歲的老婦，在繞塔時口中默念著觀音心咒，並同時向上師祈請。

「妳在向哪位上師祈請？」袞列問她。

「竹巴袞列。」她告訴他。

「若是見到他本人的話，認得出來嗎？」他說。

「我從未親眼見過他本人，但久仰其名，對於他，我有強烈的虔敬心。」老婦回答。

「如果知道他本人就站在你面前，妳會怎麼樣？」上師繼續說道。

「我是個老婦，身軀雖已年邁衰老，但家中有酒有食可以供養，」她說：「不過我應該沒那個福報可以親見上師。」

上師向她揭示身分，老婦欣喜落淚跪下，用前額向上師的蓮足頂禮。「我此生與來世都皈依於您！」她一再地重複說道。隨後，老婦邀請上師回到家中，並取出七升釀酒來供養上師，老婦接著詢問上師可否邀請和她一樣同爲年邁寡婦的鄰居，一同來禮敬上師。上師同意，不一會兒，一些老婦人手裡都拿著一壺酒來向上師致意。

不久，當竹師差不多七八分醉的時候，他開口問屋子的女主人說：「妳對我的虔敬心有多深？」

「我對您的信心無有限量，」她回答：「若您要取我的性命，也可以！」

「妳眞的願意給我妳的性命？」上師問。

「我願意爲你做任何事！」老婦堅持地說。

竹巴袞列了知婦人的大限已至，閻王已經派了信差當晚就要來取她的性命，於是他指示著說：「如果妳已準備好赴死，那麼抬起手臂，秀出妳的肋骨來。」

老婦照做後，上師拿起他的弓箭朝她射去。「殺人啊！殺人啊！」其他的婦人尖叫著。「快逃啊！快逃啊！」她們驚嚇著在山谷裡四處逃竄。

不一會兒，群眾聚集了過來，莫不感到驚訝與錯愕。有些人開始咒罵他：「你這個無恥的野蠻藏人！你這個殺人犯！為何要傷害一個善良的老婦！」並開始啜泣與慟哭。

「他是我的上師，對他，我有全然的信心。」性命垂危的老婦躺在地上低聲說道。「他是我的摯友，不要視他如敵。」這樣說後，老婦就往生了。

上師將她的軀體扛到一間倉房，放在一個長板凳上，把門封起，並交代旁人七日之內都不能開門，在那之後他會再回來。

六天過去，老婦人的兒子回到家中，鄰居告訴他，母親錯把乞丐當成上師竹巴袞列，而這個乞丐在酒後殺了他的母親，並將她的屍體鎖在倉房裡。

「這些無恥的藏人！」兒子怒罵道：「他們來到這裡要求我們的款待，竟然殺了他們的施主，還冷血地把被害者的屍體鎖起來，任其發臭。」於是，他打開倉房的門，然而，令其驚訝的是，他發現室內佈滿了令人愉悅的香氣，而屍體則幻化成一道虹光，唯獨右腳的大拇指除外。

這時，上師回來了，對著老婦人的兒子叨念，因為他不遵守指示，在時機還未成熟之前擅自開門，才會留下右腳的拇指尚未幻化。兒子因震懾於上師的威神力而一時語塞，回神後，對上師致以無限的感激與深切的虔敬心。

「你無需致謝，」上師告訴他：「你的老母現在已往生佛菩薩淨土，這才是重要的。」語畢，便離去。

上師從帕羅山谷往下抵達印度平原的時候，經過一戶人家正在爲一名叫阿宜的婦人舉行喪筵。看到上師走來，往生者的家人邀請他一同飲酒享用。

「大熱天喝酒不錯。」上師如此說道後，就開始暢飲。

當他完全喝醉的時候，其他人對他說：「你是個修行人吧？能幫忙把屍體抬去火葬場嗎？」

「你們這些無賴！」他咒罵道。「我不是來做屍事的乞丐！你們沒聽過嗎？俗話說：『雖飽食不揹屍，雖歡喜不造磚⑥！』」

「我們很抱歉，」他們說：「你說得對。能夠有你在，往生的婦人肯定很有福報，或許你

⑥泥土以連枷棒攪拌並壓印成磚型後，可以用來建造房舍。

可以帶她度過中陰⑦。」

「好。好。」上師說道。「如果非得要做的話，那我就做一些必要的事。火葬場在哪裡？」他們指向山谷的上頭。「給我一根木棍！」他說道，便拿起木棍，開始棒打屍體，唱道：

「老母莫睡！老母起！輪迴困境中速起身！
先無意義生於世間，後無意義離世間去！
子孫面前屍身倒下，雖有子卻無扛屍人！
今已無昔遮羞珍衣，噁心臭屍液滲滲滴！
老母莫倚！老母走！朝解脫之路大步行！」

這時，屍體站了起來，佝僂搖搖擺擺地跟著上師的木棍，開始往前走。當他們到達火葬場之後，屍體雙手合十，朝上師禮敬，感謝上師指引解脫之路，隨後，便躺下等待被火葬。

上師告訴老婦的親人：「阿媽已從輪迴當中獲得解脫。現在可以點火了！」

隨後，眾人懇求上師留下來共享喪筵，他們送上一隻豬首當做獻供，並詢問上師可否爲其烹調。上師指示將豬首放在他面前，手指著它，開始吟唱：

「底下地窖的豬骸你，
無首無尾全身覆毛，
帶鼻亥首好似驢鞭，
豬玀莫待！豬玀起！
現起身隨老母去吧！」

接著，人們就看見豬首像一道光似地消失不見，往西邊天際盤旋而去，而上師則未進一食就離開了。

竹師來到甘拓克（靠近帕羅附近的吉曲寺），甘拓克的上師名策旺，請求上師為其新居開

⑦中陰／中有（藏：bardo），介於生與死之間的過渡時期，也可說是介於前一個情境與下一個情境之間，於此期間，個人一生的業力會算總帳，但同時也是能從輪迴中獲得解脫的時期。

光，並給予幾句吉祥話。

上師因而做了這首吉祥詩：

「門戶如山般堅固，屋以耐用加持之；
柱頂上添有斗拱，屋以財富加持之；
天棚桁樑皆筆直，屋以正直加持之；
頂蓋石瓦覆其上，屋以庇護加持之。」

隨後，上師又加了一句：「願此宅活人和死人均旺盛！」

「啊咔咔！」他們抱怨道：「不要這樣說！」

「好吧！那麼願此宅活人和死人均稀少！」上師改口說道。

後來，由於這個緣起，這個家族的後代最終根絕了。直至今日，這間宅第仍是一間無人居住的荒屋。

接著，上師袞噶列巴決定制伏盤踞在旺貢薩卡（Wong Gomsarkha，位於廷布）的蛟龍魔，牠一直威脅說要終結當地的人口。這條惡毒的蛟龍盤踞在無人可及的山谷深處，總是危及居住在河兩岸人們的性命。牠每到黑夜就外出抓人，直到全村只剩下一名老婦。袞列來到蛟龍魔的盤距處，以弓箭及長劍爲枕頭躺下，一壺糌粑擺在身旁，又將一坨糌粑抹在背部，縮著肚皮，高舉陽具，假寐等著蛟龍魔來。

不一會兒，蛟龍魔回來了，驚呼道：「哎啊啊！這是什麼？從來沒見過這種東西！或許是可以吃的東西。」牠呼叫徒眾，不一會兒，無數的倀鬼精怪，像腐肉上的蒼蠅般飛來，有些以爲上師已經死去，有些認爲他還活著。

「在沒搞清楚這是什麼東西以前，最好先不要吃它。」這群倀鬼說著：「這軀體還溫的，不可能死了；它沒有呼吸，也不可能是活的。旁邊有一壺糌粑，不可能是餓死；肚皮扁扁的，更不可能是撐死。頭底下枕著武器，不可能是嚇死；陽具還能高舉，應該是死沒多久；魄門口有蟲，也不是今天才死的。總之，無論如何，這軀體怎麼看都不祥，我們最好還是不要動它。」

「不管它了，」蛟龍魔說：「反正我們今天還有那老婦可以吃。今晚夜幕一到，就在她家門口集合！」大夥同意此計後，便各自散去。

「我們最好不要吃它。」倀鬼們說著。

魔眾走後，上師立刻起身，往老婦的屋子前去。「老婦，妳好嗎？」他向老婦打招呼。

「好是好，」她回道：「但有一點絕望。」

「怎麼了？」上師安慰她：「告訴我。」

「我曾經是這村子的有錢人，」她告訴他：「但因爲沒有任何佛菩薩或成就者眷顧這可憐的村子，傢鬼龍魔殘暴地吃了所有的人和牲畜，我自己恐怕也活不過今天晚上。你是一位聖者，不需要留在這裡，趁你還能離開時就趕緊走吧，否則你也會被生吞活吃。明日之時，如果你發現我已不在這兒了，就把屋子裡值錢的東西拿去自己用，或是布施給窮人們吧！」老婦如此留下遺言。

「莫擔心，」上師告訴她：「今晚我會待在此處。你有酒可以喝嗎？」

「有一些，不過傢鬼神把酒的精華都偷走了，不知道還有沒有味道。」

「把酒拿來，我看看。」他說。

上師在老婦家飲酒，直到夜幕來臨，這時候，魔眾們來到老婦家門口。當他們用力敲打著大門的時候，老婦驚恐不已地叫著。

「你留在這裡，」上師指示她：「我會處理。」接著，他手持「智慧焰雷」金剛杵的高舉陽具，往門上一個如拳頭般大小的洞口刺去，擊中蛟龍魔的血盆大口，正好擊落牠的上下四顆門牙。

「有東西打到我嘴巴了！」蛟龍魔一邊尖叫著，一邊往河岸逃走，直到一個叫獅勝幡的岩洞裡，裡面有位名叫蓮華三摩地的女尼正處於深深的禪定中。「瑜伽女，有怪東西打到我的嘴巴。」蛟龍魔上氣不接下氣地說著。

「什麼東西？在哪裡被打到？」她問道。

「在貢薩卡老婦家，被一個非僧非俗的怪人，用一支鐵火鎚打到的。」蛟龍魔喘氣著說道。

「你不是被普通的東西打到，那東西具有神通力，」女尼告訴他：「而且你的傷口也不會好，不信的話，你看這個。」她掀開袍子，伸出腿說道：「這個傷口也被同樣的東西打到，它完全不會好。」

蛟龍魔伸手摸摸傷口，再湊近鼻子聞聞。「哎呀呀！這傷口都要腐爛了，看來我的傷口大概也會這樣。」他咕噥著：「沒別的法子了嗎？」

「仔細聽我說，」女尼告訴他：「回去找那個打你的人，他應該還在那邊，名字就叫做竹巴袞列。將你的命數供養給他，誓言不再危害有情眾生，那樣或許你的傷口就會痊癒。」

蛟龍魔接受她的建議，回到老婦家，上師正在那裡等他。龍魔向上師頂禮，說：「我將命數供養給您，並接受您的差遣。」

上師將他的金剛杵放在蛟龍魔的頭頂，以居士五戒⑧約束之，並授戒他成爲一名居士，賜予法名牛魔，使其成爲一名護法。直至今日，牛魔都還是貢薩卡一帶的受祀主尊，普受人們供養⑨。

上師從朗措河谷往下走，巧遇身著怪異服飾且相貌兇殘的朗宗魔女朝他走來。他立即將「智慧焰雷」金剛杵往天空中高舉，魔女被這座巨大的神塔遮蔽了視線，因而幻化成一條毒蛇。上師一腳踏住蛇母的頭，瞬間這條蛇變成了石頭。時至今日，人們還是能在道路中間看到這條蛇所化成的那顆石頭。

最後，法尊竹巴袞列終於來到被箭射中的多巴策旺家，他在屋子的牆邊撒了一泡尿。一些

⑧居士五戒，在家戒律中的基本戒律，分別為不殺生、不偷盜、不邪淫、不飲酒與不妄語。

⑨藏語：Dar-so-che-ba 或 dar-sar-byed-ba，向較低層次的護法神祇行供養。

孩童看到後，大叫著：「他的雞雞和蛋蛋好大啊！」

上師爲他們唱了首歌：

「夏日杜鵑羽青之時雞雞長而蛋蛋卻低垂，
冬日雄鹿毛紫之時頭頭長，
牠就是一年到頭總是飢腸轆轆的野獸啊，
此乃夏冬季節之差異是也！」

接著，他進到屋子裡，找策旺要他的箭。策旺向上師表明箭在此，並邀請上師住下。此時，袞列目光注意到屋內一名女子，名爲帕桑菩提姆（或稱利登諾布宗媽），僅僅只是瞥見她如花朵盛開的妙顏，上師隨即感到一陣心儀，他這樣唱道：

「這支箭肯定沒走錯路，
帶領吾邂逅妙顏天女。

屋主人策旺啊請迴避，
今日吾就來借女屋主。」

語畢，上師立刻向女主人走去，她的夫婿一怒之下，取出長劍，準備往上師刺去，並說道：

「借你屋住卻想拐吾妻，
三言兩語招呼都不打，
沒坐定就想借女屋主，
這種行徑沒聽沒看過！
此舉藏地或許還可行，
我們南方人可無此俗！」

此話一出，屋主便拿劍朝上師扔過去，上師立刻以右手一把抓住劍，同時用左手一把勾住帕桑菩提的脖子。

策旺恍然大悟，以前額觸碰上師雙足，說道：「我有眼不識佛菩薩，請上師受吾妻爲印母，並在我有生之年，以上師之尊留下來居住。」

竹巴袞列應允暫時住下。在這段期間，因上師之願力，帕覺竹貢續波進入帕桑菩提的子宮，轉世成爲昂旺定津。昂旺定津長大成人之後，回到藏地惹龍寺出家，拜師格澤旺楚，於其座下學習而獲得極大成就。後來如空行母所授記，於不丹創立馬頭佛學院（Tango Monastery），並建立了家族傳承。其後還生下一子策旺定津，同爲帕覺轉世。怙主策旺定津生下二子，分別爲欽杰與嘉謝定津拉賈兩位大成就者，唯其家族血脈於此中斷⑩。

當袞列暫居在策旺家中時，這段歇後語在當時甚爲廣傳：

「高原人策旺喜佛法，
無爲者袞列喜其妻；
喜佛法喜妻增吉祥！」

一日，上師決定前往調伏盤踞在山谷上頭的魔障。他從谷底往上方走去，於路途間巧遇一名正在挖泥炭的老翁，名阿爸悉達竹杰。上師以神通了知阿爸想要買一些鐃鈸，於是便喬裝成一名商人。

「你是誰？」上師問道。

「我是一名挖炭人，」阿爸告訴他：「瑜伽士，你打哪裡來？」

「我是從藏地來的賣鈸商人。」袞列說。

「你有好的鐃鈸嗎？」阿爸問道：「它們可有名頭？」

「有，它們都是上好的鐃鈸，名爲『失手』⑪，」上師這麼說道。

---

⑩帕覺竹貢續波（Phajo Druggom Zhigpo），西元一一八三年至一二五一年，為藏巴嘉日之主要弟子，他將竹巴傳承帶入不丹，並在那裡建立竹巴法教。帕覺竹貢續波後來轉世為竹巴袞列之子昂旺定津（Ngawong Tenzin，西元一五二〇年至一五九〇年），其上師為法台格澤旺楚（Ngagi Wongchuk，西元一五一七年至一五五四年），昂旺定津之後回不丹，於現今的廷布創建了馬頭佛學院（Tango Monastery，或音譯登古寺），其帕覺尊銜則傳給其子米龐策旺定津（Mipham Tsewong Tenzin，西元一五七四年至一六四三年）。米龐之長子竹秋欽杰（Drubcho Jigyal）並無子嗣，次子嘉謝定津拉賈（Gyalse Tenzin Rabgye）只有一女，音譯姜袞麗（lCam bun-legs），為第一世馬頭寺上師之轉世。

⑪藏文：gNam-phar' bebs-chad，字面含義為「高高舉起，重重落下」，意指僧人在擊鐃鈸的時候，以一手高舉一鐃再讓其重落在另一鐃之上，使其發出聲音。

「我或許可以買下它們，」阿爸說道：「讓我看看。」

袞列說：「賣鐃鈸的有一句俗諺，『空口不能祈福，空手不能擊鼓！』所以呢，我們不喝點酒，就做不成生意。你可有酒喝？」

「我家裡還有七升的酒，」阿爸告訴他：「如果你幫我把這些泥炭挖完，我這就去沽酒。」

袞列接下鏟子，開始挖泥炭，就在這時，山谷上的魔羅來到上師的跟前，現出令人驚駭的扮相，上師以「智慧焰雷」金剛杵擊中牠的嘴巴，魔羅落荒而逃。竹師將牠追趕到杜波西隆的一處大圓石中，並下令：「直至地老天荒，都不准出來！」隨後便以鼻血將巖石封印。

回到阿爸在山谷另一頭的家中，上師請阿爸送上一些酒，在酒過幾巡後，阿爸要求看鐃鈸。

「先喝酒，我們再做生意。」上師說。

「我現在就要看。」阿爸堅持道。

「你的鐃鈸在這裡，」上師一邊將他的兩個腮幫子鼓得大大的，一邊說：「我喝（藏音：羅）酒，喝到醉茫茫（藏音：噶莫），這兩個腮幫子不正就是鐃鈸（藏音：羅莫）嗎？」

阿爸一聽，怒氣沖沖說道：「你這個乞丐！沒有鐃鈸可賣，就把酒錢付一付！」

「酒錢你付。」上師回應道。

「我喝自家的酒免錢！」阿爸大聲回應著。

「沒有我，你現在早就沒命了。」上師冷靜地說道：「剛剛在田裡，我代替你工作，因而救了你一命。而且我也幫你把魔羅困在西隆的巖石中，讓你無後顧之憂。」

「不要說什麼把魔困在巖石中的鬼話，」阿爸語出不屑地說道：「快把酒錢付一付！」

「那就一起去看看我說的是否屬實。」上師這樣提議，兩人便往西隆走去。

到達巖石後，竹巴袞列指示阿爸將耳朵靠在巖石上，阿爸聽到巖石裡傳來「竹巴袞列！快放我回山谷裡去！」的聲音。

阿爸驚訝地說道：「我竟然沒看出您是佛菩薩啊！請原諒我，酒錢您不需要付了。」並且內心充滿信心地說：「如果您可以制伏各種的魔羅，在垛羊麓口有一個魔女，經常對旅人作怪，如果你可以降服她的話，村子裡的人都會非常感激。有很多旅人都被她吃了，到了晚上更是沒有人敢經過那裡。」

上師立刻來到了垛羊麓口（Dokyang La pass，介於廷布到普那卡之間），在那裡他遇見一位從旺城來，年約十八歲的少年，牽著一頭牛。

上師問他：「你打哪來？」

「我從旺跋帕薩（Wong Barpaisa）來，現在天色已晚，回不去了，請幫幫忙！」少年懇求著。

「為什麼？發生什麼事？」袞列問道。

「天黑了之後，魔女會來把我們帶走。」這個嚇壞了的男孩這樣告訴他。

「那麼你先回家，我會看管你的牛。」上師這樣說道。

「天黑以前，我到不了家的。」男孩說道。

「那就把你的頭放在我的膝上，心裡想著家。」上師指示著說。男孩照辦後，不一會兒，就發現自己早已身處旺跋帕薩的家中。

上師將牛綁在樹下後，爬到一棵樹頭上，在那裡等著魔女。日落後，魔女張嘴流涎地出現，當她見到樹下的那隻牛後，便呼叫山上的辛麓魔女與山下的輿麓魔女，共同來享用。正當她們準備要吃牛的時候，便發現了在樹上的竹師。

「下來玩啊！」她們叫道。

「你們這些骯髒的生物，我不跟你們玩。」他說道。

她們一氣之下，便把樹給踢倒了。上師手裡拿著他那獨一無二的「智慧焰雷」金剛杵，朝左右兩個魔女，擊出金剛熾火，她們兩個見狀立刻融入垛羊魔女裡。上師於是抓著垛羊魔女的頭髮，將她拖往竹羅帕薩（Drulopaisa，往旺度的路上），她便在此地現出原形，化做一隻紅狗。上師抓住狗的耳朵，以土堆覆蓋成女子酥胸的形狀，上面建了一座黑色佛塔，並預言將來會有一座寺廟興建於該塔之上。

眾生導師法主袞噶列巴決定調伏可怕的瀧羅魔女，以便將其以誓言制伏，並轉化為傳承的護法。當他下山走到河邊時（往普那卡的路上），魔女於河水漩渦中竄起，在天空中濺起一陣如雨的水花之後，以駭人的身形漂浮在半空中，對著竹師唱起這首歌來：

「聽著！瑜伽士，
皓皓岡底斯峰大名鼎鼎，
無人羌塘⑫號稱風之壘，

⑫羌塘，位於西藏東北廣大的荒漠高原，中國聲稱其中部份地區可灌溉與耕種。

不就是岩石大地覆白雪，
此景有何妙可言？

皎皎雪獅大名鼎鼎，
白皮琉璃鬃號稱獸之王，
不就是空谷裡使勁咆嘯，
此獸有何妙可言？

苦行竹巴袞列大名鼎鼎，
無財乞丐四處流浪，
不就是滿口胡言説穢語，
此人有何妙可言？

莫指望我獻禮敬與供養！

是誰派遣你來此，
又來此利益何人。
報上傳承與法脈，
假使汝乃爲佛便速回答！」

上師如此回覆：

「水蛟龍魔女⑬，你聽好！
莫以威脅恐嚇我，願力所使今來此，
豎起耳朵仔細聽。

皚皚岡底斯峰有其名，乃因其爲五百聖者入定處；

⑬水蛟龍魔女（藏：Chu-bdud mtsho-sman-ma）。

皎皎雪獅有其名，乃因其爲空行與度母之座騎；
世人皆尊竹巴袞列有其名，
此無財行乞之流浪者，內心離欲、口無遮攔、外顯具德，
無爲任運令實相自顯，一切生起皆爲解脫道是也。

我乃金剛總持所派來，爲救眾生脫離痛苦輪迴；
吾之傳承大手印是也，一如至尊密勒日巴，我乃各緣境的莊嚴之主。

現授命瀧羅魔女爲護法母！
天神蛟龍夜叉此魔羅之女、迷人心悅之印母、無實之幽靈，跟隨我！
大樂解脫道上堅定行，以身語意修則可即生成佛。
現在，以誠心回答我！」

上師唱畢，魔女化做美麗撩人的女子，於一只大水晶壺中裝滿酒，來到上師面前，對他唱

出這首歌：

「聽我說，無爲竹巴袞列！

尊貴法脈，眞理加持，蒼白身軀藏佛心，

攜方便智慧之弓箭，荷安忍之護盾，領破除煩惱之犬。

具宇宙眞實力之主，請引領我入大樂解脫。

吾豈非天空之莊嚴？上身令人意往，下身大樂壇城，

吾肌緊實技善巧，願將取津之術供養您！

瑜伽士您喜嬉戲，蛟龍我貪欲大，今日相見具善緣。

今晚還請您暫留，虔敬供養吾身。皓恩傳法誠祈請！」

唱畢，她延請上師至家中供養，承諾今後願爲傳承法教之奴僕，並誓言絕不再危害眾生。最後，上師以數次合一之道爲其淨化，引領其成爲能領受更高深修道雙運口訣的合宜法器。

之後，上師從瀧羅河谷回來的路上，經過一處不毛之地，因而將該地命名爲洛塘嘉漠（乾旱地）。在路上，他遇到一名叫阿爸嘉波定津的老父。老人的兒子們都已成家立業，最小的獨生女也已出嫁，住在婆家。老翁無事一身輕，終日專心修法。巧遇上師，他上前向上師蓮足頂禮，並說：「能親眼見到您，是我的福報。我的兒子們都已長大成人，最小的兒子進到寺院成爲一名僧人，女兒也已嫁人。我此生無憾，唯獨缺乏一個在臨終之時能夠帶領我的法教，還請上師慈悲開示。」

「好！好！」上師沉思了一會兒後回答：「我傳授你一段皈依文⑭，你只要想到我時，就念誦它，這裡面有一點難爲情，所以不要和任何人討論這皈依文。」隨後，他將這段能引領其脫離輪迴的皈依法告訴老翁：

「老朽之溫馴龍我皈依！根枯傾倒如死木。
老婦之鬆弛道我皈依！鬆垮費解如海綿。
猛虎之金剛杵我皈依！昂然高舉死無懼。
少女之清淨蓮我皈依！盈以大樂無羞愧。」

「記得，想起我的時候，就持誦這皈依文。」上師重覆說道。

「我誠心地感恩於您，」阿爸嘉波感動地說著。「可否再賜一首能加強信念的祈請文。」

上師這樣告訴他：

「東方大樹上枝幹長啊長，開枝也得視樹根之穩固！

竹巴袞列之龍頭直啊直，蓮華窄也得視陽物尺度！

阿爸嘉波求道心強啊強，道果也得視虔敬之深度！」

「將這祈請文謹記在心！」袞列指示他。老翁回到家，女兒問他：「你是否遇到了上師？可有領受任何法教？」阿爸回答：「上師賜予一首皈依文，而我領受在心。」

「阿爸聰明才智甚小，」女兒說道：「上師所傳的皈依文是否簡短好記？請念給我們聽聽吧！」於是，阿爸雙手合十，開始念誦：「老朽之溫馴龍我皈依！根枯傾倒如死木。」就這

⑭皈依（藏：skyabs-'gro），為皈依佛、法、僧三寶的誓言。

樣，把上師告訴他的全部覆誦出來，女兒聽完後，感到非常羞愧，於是匆匆離開。

「你瘋了嗎？」他老婆這樣說著。「佛陀上師的話語一向都很清淨，不是你誤解上師的話，就是你記錯了。就算沒記錯，這樣在眾人面前，毫無羞恥地模仿上師也不對，日後切莫在孩子面前持誦這些！」

「上師交代一旦憶念到他，就要持誦。」阿爸堅持地說道：「所以，我還是會照做。」

到了晚上，當一家人聚在一起吃晚餐的時候，阿爸雙手合十，開始念誦他的祈願文。「這個瘋老頭，」他們低聲說道，便把碗拿著，離開了餐桌。當老翁把雙眼張開的時候，餐桌上只剩他一人。妻子回來後，告訴他如果他堅持這麼做的話，就必須單獨一人在房間裡念。阿爸堅持就算拿命來賭，也要繼續。於是他便搬到屋頂上儲藏乾草的小屋裡，獨自一人閉關，不分晝夜地持誦。

一個月過去，在某次月圓的夜晚，樓上的小屋傳來一陣琵琶、短笛的樂聲，阿爸的妻子聽不到他的持誦聲，出於擔憂，心想或許阿爸正因爲過度沮喪而在低聲啜泣。「去拿一些酒給你們的阿爸。」她向女兒這麼說。

女兒提著酒上樓，推開門，但見一只棉被在床上。她掀開棉被，見一道虹光射出，中間現著一個閃耀著白色熾然光芒的種子字「啊」⑮。

「阿爸！阿爸！阿爸不見了，快來啊！」女兒驚嚇地喊叫著。

當親友鄰居聚集過來的時候，那道光芒朝西方天空飛去，後面尾隨著老翁的聲音：「竹巴袞列已將我送往觀世音菩薩的普陀山宮殿裡，你們這些拘謹的人們好好在這裡待著，將洛塘嘉漠供養給上師吧！」

當上師來到這屋子時，在阿爸往生之處造了一座佛塔，並將阿爸的念珠裝臟於佛塔內。後來，昂旺確嘉在佛塔邊建了座寺廟，而今天這座寺廟就叫做「切米拉康」⑯。

⑮種子字「啊」為空性之音，一切法之無生根本。

⑯切米拉康，無狗寺之意，為竹巴袞列位於不丹的主寺。

7

南方山谷引領具緣佛母

陶醉於喜智慧天女之聖顏，
以大樂語戲謔任何現前境，
揭露世間虛榮面具之癡人，
瘋聖袞噶列巴足下吾頂禮。

眾生怙主法尊袞噶列巴來到桑滇崗（Samten Gang，位於旺度宗），此地具虔信的弟子有：女尼阿南達拉、瓊西喀的嘉總女、窪且的少女祜宜帕莫、貢多的阿總女、帕章的南卡卓瑪、旺跋帕薩的桑莫秋準、少女昆桑莫，以及其他與上師具法緣而成爲上師明妃的蒙域女子們，此外還有章崗喀的帕覺喇嘛和其他虔誠功德主。這時，來自踵踵（地名）的迦總與一些具邪見的地方官員，召集了大批不丹群眾，等著見證上師示現神通力。

他們對上師說：「吾等耳聞您擅長施展神通與法術，但從未親眼見識過，懇請您爲我們示現些許徵兆，讓我們也能對您的了證力心服口服。」

他們為上師獻上一個羊頭與一整塊牛腔。上師大快朵頤一番後，便將羊頭塞到無頭牛的骨架上，對著牠說：「你的骨架上既無血也無肉。現在，回山上去吧！」他手指一彈，這頭野獸便立刻起身往山谷裡奔去①，現場群眾莫不看得目瞪口呆，而這種有著羊頭牛身的動物，至今仍可見於不丹山谷，世人稱為「四不像」②。

之後，這些蒙地的明妃與施主們更進一步向上師請求：「上師仁波切，懇請您將有著大加持力的佛法，傳給我們這些南方山谷人。請您賜予有梵文為名的經典，內容莊嚴、語帶幽默。請以世人能夠理解的通俗語，給予具甚深義涵的法教，教導我們簡單扼要的佛法，讓我們光是聽聞便能夠得救。」

於是，上師給予如下言教③：

①值得注意的是，竹巴袞列對於所有被他宰殺而下肚的牲畜，都會讓牠們復生。
②不丹神獸四不像（藏：'brong-gim-tshe），野生犛牛的一種。
③對在家男女眾，上師則教導添加了基本性行為的世間法。類似這樣的口語教導，提供社會各個階層的少女在進入學校前的基本教育。即使是在我們現今的社會也是這樣，粗俗笑話是孩童對性知識的第一手來源。

「梵文稱之：哪以傑 夏惹惹！
藏文稱之：布摸以 使都拉 修汝汝！
此為關於世間歡愉之教言。

處子歡於貪愛起，
猛虎歡於頂時樂，
老年歡憶當年勇，
此謂『三歡』之教言。

床乃和合之處所，
必求寬大與舒適，
膝乃和合之信差，
必先發動始辦事，
臂乃和合支撐物，

必將女子緊緊抱，
女子之蓮欲望池，
必得一再使滿足，
此謂『必要』之教言。

已婚之婦不可嬉，
未滿十歲不可嬉，
月事、有戒婦女不可嬉，
此謂『三不可』之教言。

空腹之誌爲飢餓，
癡人之誌爲大杵，
婦人之誌爲貪欲，
此謂『三誌』之教言。

不舉之人少想像，
低劣之人少善德，
富裕之人少布施，
此謂『三少』之教言。

上師喜銀子，
官員喜奉承，
婦人喜愛人，
此謂『三喜』之教言。

惡人不喜虔敬者，
富人不喜好施者，
妻子不喜第三者，
此謂『三不喜』之教言。

供養上師得加持，
供養本尊賜成就，
供養護法成事業，
此謂『三根本』之教言。

不供無仁之上師，
不供無戒之僧人，
不供犬牛或邪女，
此謂『三不供』之教言。

戒律旨在平靜溫良，
利他旨在離於私欲，
密續旨在二元雙運，

此謂『三乘』[4]之教言。

飢渴乞丐乏安樂，
無信仰者乏靈性，
流浪之人乏承諾，
此謂『三乏』之教言。

無誠實者不做爭訟，
無信仰者不做供養，
無勇毅者不當武將，
此謂『三不』之教言。

富人拳頭緊，
老翁心頭緊，
覺嫫玉門緊

此謂『三緊』之教言。
高談者入人群中，
寺廟財入僧人胃，
粗陽物入處子身，
此謂『三入』之教言。

菩薩者心腸軟，
自私者口更軟，
處子肌比絲軟，
此謂『三軟』之教言。

無戒僧人裙襬薄，

④三乘為上座部、大乘、金剛乘。第一乘教導世人抑制貪愛，第二乘教導世人將貪愛轉變為善的力量，第三乘教導世人如何運用貪愛利益他人。

鰥夫寡婦衣食薄，
不毛之地收成薄，
此謂『三薄』之教言。

衰列不厭於女子，
僧人不厭於財富，
女子不厭於交合，
此謂『三不厭』之教言。

心雖明晰，也得要有上師領，
燈雖明亮，也得要以燈油添，
意雖自證，也得要能明辨之。
此謂『三得要』之教言。」

接著，上師繼續說道：「無弟子之上師、無精進之弟子、無群眾之官員、無愛人之女子、無奴僕之主人、無食物之富人、不務農之農人、無牲口之牧人、無戒律之僧人、無口訣之盲修瞽千、思淫欲之覺嫫、舉不起之男子、用以求財之臀部、欲嬉還羞之少女，看他們的樣子多可笑啊！簡直要讓人笑翻了！」

接著，他又繼續說道：

「雖有完美三角之金溝，
不能做爲地祇之食子。
雖有日曬不乾之津液，
不能做爲止渴之茶水。
雖有低垂懸掛之囊袋，
不能做爲閉關之糧袋。
雖有頭大柄堅之男根，
不能做爲擊甲之鐵鎚。

雖有身形良好之人身，
不能做為閻王之新婦。
雖有清淨善良之心腸，
無修行終不能成佛果。
雖有甚深法教之密續，
無體驗終不能獲解脫。
雖有竹巴袞列示法道，
解脫路終得你自己走。」

上師開示完畢後，在場的群眾或感動落淚、或心喜而笑，於哭聲與笑聲中充滿著極大的信心與虔敬心。上師特有的輕快言教與仁慈心腸，使其名聲迅速遍及整個不丹大地，無論男女、出家或在家，無不對他的了證生起敬信。藉由這份信心與虔敬心的功德，他們成為承受佛法甘露之良好法器。

隨後，上師竹巴袞列來到夏昆桑林⑤，當地的人們議論著說：「我們應該讓竹巴袞列和那些倀鬼邪魔面對面。」他們如此盤算著：「不要給他地方住，如此一來他就得待在荒郊野外，到時候我們再給他送吃的過去就好。」

上師因爲在村子裡找不到投宿地，而來到郊外準備過夜。到了午夜的時候，上師被一個妖魔攻擊，這個魔的脖子上長了九個層層相疊的瘤。袞列以其「智慧焰雷」金剛杵刺向魔的背，使牠痛得往山上跑去。直到今天，在鄔金岩這個地方仍有著一股焦肉味，並且可以清楚聽到痛苦哀嚎的聲音。而昆桑林這個地方原本應該有八十個繳稅戶，卻因爲拒絕提供住宿給竹巴袞列，以致此地至今人口凋零，只剩下四個繳稅戶。

一天清晨，上師從昆桑林的山谷往瓊西喀看去，他看到嘉總女在一棵旃檀樹下搖擺著臀部跳舞，因此對她唱起這首歌：

⑤夏昆桑林（Shar Kunzangling）位於不丹旺度（Wongdu）區，為十四世紀時，龍欽巴大師自藏地遊歷至不丹時的駐錫地。

「夏昆桑林看過去，
見瓊西喀空行母，
舞動搖擺如天女，
嘉總姑娘定是她！
今天日正當中時，
無爲哀列要見妳，
白酒斟滿犛牛角[6]，
互訴鍾情就我倆，
嗡嘛呢唄美吽！」

接著，他來到嘉總女的家門前，當時她正要出門打水，於是請上師先在屋內稍等。

「妳無須打水，」上師說道：「我們會讓水由妳自己的源泉流出！」接著便將她推倒在門檻行和合之誼。隨後，她爲上師送上熱茶與其他款待，直到上師表明要離開。

「請於此地定居下來！」她央求道。

「我無法久留此地，」他回答道：「不過由於妳秘蓮光滑，我會再回來九日；由於妳獨守空閨，我會再回來九日；由於妳身無異味，我又會回來九日。但此刻我一定得走。」

嘉總女不願意被上師如此推遲，於是迅速斟了一大壺酒，跟在上師身後。到了高崗，上師停了下來詢問地名，她回說此爲班域，而上方那塊土地則是洛塘嘉漠。

「嗯，班（向外流注之意）是個兆頭，此洛塘嘉漠（乾旱地之意）絕對需要一點灌溉。把酒倒出來吧！」他開始飲酒，並說道：「妳們東疆女子擅長唱歌助興，爲我唱首歌吧！」

嘉總女唱起這首歌：

「喔！雲遊四方瑜伽士！竹巴袞列！

聽我嘉總女道此歌來。

高原綠地冬季變雪白，

⑥釀酒經過蒸餾之後，酒精濃度更高、更烈，屬於一種白酒，藏語名為臘西（rakshi）。

瘋聖衰列卻更爲雪白（更快樂）；
山色由白轉綠、綠又轉白，
法尊衰列卻總是更白。

銳眼靈鷲雖翱翔天際，
雙翼卻不具動力，
業力之風來襲時，
也得隨風而去悉。

我，瓊西喀之嘉總女，
無力主導己命運，
原定悲傷守家中，
卻突遭逢眞伴侶，
短暫相聚心悲戚。」

上師以此歌答覆：

「瓊西喀之嘉總女，聽我哀列詠！
大火能使冰山冷冽水沸騰，
然嘉總之心使其更快沸騰。
烈日能使片岩縫中水沸騰，
然嘉總之心使其更快沸騰。
精進能使密續泉之水沸騰，
然嘉總之心使其更快沸騰。
妳盡管冒泡沸騰，
我將又白又快樂！」

唱畢，便分手而去，即使直至今日，那個地方仍被稱作「心熱鄉」（洛侯域）。

之後，眾生怙主法尊袞噶列巴來到顏林寧薩（Gyengling Nyishar，位於不丹旺度區內），住在女尼阿南達拉家中，終日飲酒歌唱，與女子們嬉戲，其間也給予當地民眾開示佛陀法教。

一天，夏莫一位名叫昆桑莫的少女為上師送來上好的酒，並奉以此歌：

「噯瑪！藏地來的瑜伽士，竹巴袞噶列巴！
且聽這位傷心的姑娘來唱歌！

吾就如錯用於地窖門檻之木，
門柱卡住無法脫身，任由豬犬踐踏，
勿棄吾於此！帶吾前往後藏之蔥龍，
立成佛殿之棟材，令吾證得佛果位。

吾就如錯置於鐵匠砧台之鐵，
鐵鉗夾住無法脫身，任由鐵匠捶打，

勿棄吾於此！帶吾前往後藏之惹龍，
立成佛殿之門鎖，令吾證得佛果位。

悲慘的夏莫昆桑莫吾，遭人踐踏與誤用，
心欲離去，摯愛父母仍強留，
殘酷夫婿，令吾生活更難忍，
哀列勿棄吾於此！帶吾前往後藏之惹龍，
令吾此生證得佛果位。」

上師以此賦回應：

「夏莫昆桑聽我道！
大日行於蒼穹時，日光廣照四大洲，
哀列雲遊無需同伴。

積善之樹生於南方叢林，
無情柴夫之斧難以觸及，
枝葉茂盛勝過當佛殿樑柱，
地窖門檻則可用卵石替代。

積善之鐵生於鐵匠之砧，
化做錫杖銅缽勝過佛殿門鎖，
無須受苦於水火交加之冶煉，
鐵匠之鐵可用木頭卵石代替。

有福報之女，妳生於顏林寧薩，
無須忍受牛夫之虐待，
比起當我伴侶，閉關禪修更好，
就讓嫂子代妳做父母的奴隸吧！」

昆桑莫因上師的話感到信心充滿，並誓言依照上師的指示修行。在領受入世與出世的教導後，她前往帕羅宗普克進行三年閉關。最終，依著上師的加持與自身的虔敬，成就了光明身。

之後，上師來到皆南窪且（Jenanag Wache），於日落之際正準備找個地方落腳，就在一處水泉地遇見少女祜宜帕莫。

「讓我借宿一晚吧！」他向少女說道。少女回道：「喔！竹巴袞列！你找不到人可以借宿的。知道為什麼嗎？因為你一要借宿，二要嬉弄女屋主，三便開始滿口穢言。很抱歉，今晚無屋也無酒可奉待。」

「別管酒了，」上師回道：「我們還是可以辦事。」

她走進屋內，為上師奉茶。袞列則送上這首供茶詩：

「嗡啊吽！
這泡茶連一絲茶香都沒有，
我們怎能期待它有酥油味，

誰都不會想要喝這種東西，
不如就把它送給這道牆吧！」

言畢，便將茶往牆邊倒去。少女笑笑，執起上師手臂，唱道：

「此人連一絲世俗味都沒，
更別說哪裡會有神聖香！
誰都不會想要讓他借宿，
我就把門外處供養給他！」

言畢，便作勢要將上師往門外拉去，但最終因內心欲望而放棄。

當晚，女子進房後，上師到其身旁，以金剛杵獻入，女子假寐不作反應，於是便將金剛杵抽離，準備轉身離開。此時，女子以手臂環抱上師並將他拉近，上師只好順從之。

隔天早上，袞列來到市集，當著眾多村民的面，大聲說道：「祜宜帕莫在和我交合的時候假寐，就在我要離開時，她又不讓我走！」

語畢，便離開了。

之後，恭帕喇嘛邀請上師到其家中作客，他告訴上師：「家母於去年往生，能否請您超渡她的魂魄⑦？」

「你不幸的母親現在正受困於下面的那顆岩石裡。」他告訴恭帕喇嘛。於是，上師手指向岩石，命令那顆岩石逆向而上，朝他們滾來。上師將石頭剖開後，跳出一隻如拇指般大小的青蛙。

「老婦，往極樂淨土⑧去吧！」他這樣說後，瞬時，一個紅色種子字「嗡」從青蛙的頂門迸出，往西天飛去。

⑦儘管喬達摩佛陀最初對「無我」（梵：anatman）的解釋為個人並無真實存在的「靈魂」。然而關於輪迴的實用教義，則假設個人的串習會隨著心識轉換而帶到下一世，因此實際而言，這串習就幾乎為一個堅固又永恆的實體一般。

⑧極樂淨土（藏：bDe-ba-can，梵：Sukhavati），阿彌陀佛的西方極樂世界，其真言種子字為「啥[以]」（Hri）。

在場有許多人見證到這神奇的景象，而據說那顆石頭至今仍可見於在原地所建的廟宇牆邊。

隨後，上師來到傑賴麓口（Jelai La pass，介於旺宗與東薩之間），他正想著自己該往曼德瓦還是甘域時，遇到了一名老翁肩上揹負著重物。上師問道：「你肩上揹得是什麼？」

「青稞。」老翁回道。

上師心想，並無前往彼處的授記，於是他大聲叫道：「下面山谷有什麼村子啊？」

「喔，首先會到路古鼻，然後再到沾單鼻，最後會是唐塞鼻。」老翁這樣告訴他。

「喔！三鼻鼻之地，吾不去也！」上師這樣說後，便返回來時之處。

回到瓊西喀，上師來到嘉總女家中，女子爲他送上白酒與釀酒，並奉以此詠：

「藏地來的竹巴袞列！
你不只是面容英俊，
更散播著大加持力，
向上吹來之清涼春風中，

可有任何實存之物？
向下流之雅魯藏布江水，
可有任何障礙之物？」

上師這樣回答：

「瓊西喀的嘉總女！
你不僅妍姿姣麗，
還深諳魚水之道，

向上吹來之清涼春風中，
若無實存之物，
鷹鷲要倚靠何物而翱翔？
向下流之雅魯藏布江水，

若無障礙之物，
高山與大圓石又爲何物？
竹巴袞列心中，
若無不實幻相，
嘉總姑娘又爲何物？」

唱畢，他起身準備離開，而嘉總女請他留步，並說：「請吃點東西再離開。」她說：「今晚沒有煮肉，但有一些蛋。」

「比起雞蛋，還是吃雞比較好，」上師說道：「給我帶一隻雞來吧！」於是嘉總抓了隻雞，用刀子將雞頭剁下，將雞煮熟後送上來給上師。當袞列把整隻雞吃完後，他對著一堆雞骨頭彈指下令道：「起來！」。這隻雞立刻起身，但其中一隻腳卻不見了，嘉總發現那隻腳還留在鍋子裡。上師認爲將獨腳雞留在家中不是一個好兆頭，於是便指示她將雞送往河邊。據說至今，在那個區域，還是可以看得到獨腳雞。

之後，上師來到班域寺（Phang Yul Monastery）接見一些鄉民，他們向上師說：「我們是薩迦班智達⑨的功德主。每年春季過後雨水甚少，使得我們的農田非常乾涸。請爲我們進行一場祈雨儀式吧！」

於是，上師指示他們：「明天清晨，當公雞初啼的時候，爬到山谷的邊上，弄出一些下雨的聲音。」

隔天早上，村子的領頭按照上師的指示進行，但他發出的雨聲卻是「啾囉囉！啾囉囉！」。

領頭回來時，上師嘆了氣說道：「唉呀呀！你應該要說『唰啦！唰啦！咚咚！』才是，看來如今你只能得到一點毛毛雨而已。」

領頭說道：「不行啊！這土地可不能隆起（唰啦！唰啦！），而吹螺的聲音（咚咚！）又太刺耳。下一點雨就夠了。」

「好吧！那麼就讓你們夏天的雨水，少過冬天的雨水吧！」上師這樣說著。基於這樣的緣

⑨薩迦上師，千佩拉傑（Thimbe Rabjang）於西元一一五一年至不丹弘法，並在當地建了數座薩迦寺院。

起，直到今日，在班域仍然是夏天下小雨，冬天下大雨。

之後，上師前往東帕麓口，在觀察了整個蜕域（land of They）後，他發現一座狀似象鼻尖的山丘，因此授記此處在後世將成爲竹巴傳承的祖庭⑩。

接著，他認爲拜訪貢多明妃阿總的時機已經來到，於是起身前往。在途中，他停留在達旺喀（位於普那卡宗下方）爲一名即將往生的男子進行頗瓦（遷識），將其送往空性法界中。結束後，師向上一看，見到阿總女正在貢域薩佛塔旁擺動著腰臀，輕踏著雙足，一邊歌唱著。於是，上師便對著她唱起歌來：

「從達旺喀看過去，
貢域薩佛塔的空行母，
如天女般在舞蹈，
而其名爲阿總女。
陰曆初八的午夜，

無爲衰列將拜訪。
給我備些釀米酒，
輕擊汝之鐃鈸與朱唇，
爲我唱些悅耳的歌曲，
且讓一切自然順成吧！
嗡嘛呢唄美吽！」

在約定的時間到了後，竹巴衰列抵達阿總的家門前。女子前來應門時，忘了繫上腰帶。「啊！妳已經準備好在等我啦，」他說：「這樣我們就不必囉唆啦！」語畢，便攬其手於門檻上行和合之誼。之後，阿總爲竹師送上好酒及各式珍饈，上師則停留數日與阿總品嘗美

⑩不丹竹巴傳承夏尊雅旺南嘉法王（Shabdung Ngawong Namgyal，西元一五九四年至一六五一年），於西元一六三六年結合第五世達賴喇嘛與蒙古固始汗的勢力，征服了喀安（音譯：Kabang）後，使得不丹成為政教合一的王國，並在此建立了普那卡宗（堡），成為竹巴的總寺。當時戰爭所用的武器，至今仍被保存在普那卡宗裡，供世人觀賞。

酒，嬉戲調情。當上師準備離開時，她懇請上師留下定居。

他這樣告訴她：「妳下方之蓮含苞待放，我會回來與妳相伴九日；妳擅長體位術式，我又會回來與妳相伴九日；又因爲妳有一顆好心腸，我還會再回來九日。」上師許下這樣的承諾之後，便離開了。

隨後，上師向下來到金塘（Drimthang）時，在此地遇到里氏夫婦，他們邀請上師到家中作客，並請求給予祝福與加持。

「可有酒喝？」他問道。

「家中約有五升酒。」他們回道。上師來到他們家中，夫婦倆開始說起自身困擾：「我們曾經有五個兒子，不過全都養不大而夭折了。現在我們又有一個小兒子，我們非常擔憂他會步其兄長的後塵。懇請您爲他進行一場祈福儀式，讓妖魔不再作障。」

上師要他們把兒子帶來，立即看出此兒乃妖精所幻化。因此，一如他在桑耶寺對妖魔所化之子所做的一樣，他將這孩子一把抓起丟到河裡。一開始，這孩子的雙親又哭又叫，但隨後就生起無比的信心，並請求上師加持日後能重獲一子。

他告訴他們：「你們倆須不斷努力，一年之後，你們將重獲一子，到時候再將其命名爲吉祥增上。」

據說，金塘的里氏家族便是從這裡開始傳續的。

這時，上師決定騎馬前往靠近洛帕薩的帕章，尋找一位名叫南卡卓瑪的少女。當他行經先前由瀧羅魔女所盤踞的山谷時，魔女知道上師欲前往的地點後，內心生起妒忌，因而毀了先前上師所誅降的誓言。她將雙腳橫跨在山谷兩側，胯下開敞、長髮垂地、酥胸隨風飄蕩，擋住竹師去路。當竹巴袞列靠近時，她唱起這首歌：

「一位乞丐修士下山來——
是能施神通上師之子，
還是會顯幻術的妖魔？
是個終日囈語的瘋子，
還是窮途末路的乞丐？

看來應該是竹巴袞列。
今早你是打從哪裡來？
眼看你無法從這走過。
神聖的上師該修定了！
快快祈求馬兒逃命吧！」

唱畢，便露出最兇殘的臉，施法使河水逆流。上師以右手將金剛杵高舉天空，左手一把抓住魔女的酥胸，唱道：

「爪獸之王雪山獅，
身披琉璃鬃，以三力稱霸叢林，
無敵無畏盤踞卓高雪山中。
南旃檀林之雌虎，
身覆條紋毛，勇猛且靈巧，

「……橫跨在山谷兩側，酥胸隨風飄蕩……」

她是無畏的萬獸之后。
西瑪旁雍措⑪之魚后，
身披彩虹鱗，
無懼悠遊於水波紋中。
藏域瘋聖竹巴袞列，
身乃四喜⑫之體大樂盈，
無懼於妳魔女之大陰堂。
遂願女護法瀧羅魔女！
去年夜晚之頭更，
汝之命根獻予吾，
命爲佛寺之護法。

無恥母，竟敢在我面前裝傻！
今晨我從無想原來，
今晚要到榮庸寺去，
在此我將迎請法源⑬！
既然妳不想傷自己，
也就不要危害他人！」

⑪瑪旁雍錯，藏語「不滅碧湖」之意，古梵名稱其為瑪那薩羅瓦湖，靠近岡仁波齊峰。傳說中為雅魯藏布江（流至印度稱為布拉馬普特拉河）的源頭，湖中之魚，一如藏地所有的魚，都被視為是極為神聖之魚。

⑫四喜，大樂境界的四個階段，分別為初喜、勝喜、離喜、俱生喜。每一階段均與一個氣脈明點相關（臍輪、心輪、喉輪、頂輪）。

⑬法源（藏：chos-'byung），法之源頭，指融入一切有為法如夢似幻之空性本性中，在大乘中指的是聖佛母般若波羅蜜多，而在密續中所謂的非二元究竟空性智，是指空行母與上師於殊勝明光中雙運。在性方面的譬喻，所謂的法源則是意指女性的生殖器（梵：bhaga）〔譯註：守護神、財富、繁榮之意〕，而融入法源中須要透過禪定。一般而言，若是相信並將法源含義侷限在某一特定的解釋當中，毫無疑問地將導致潛在的危險性。

語畢，上師毫不遲疑地躍上馬匹，驅馬逐魔，然而魔女卻往一顆大圓石中遁去，上師於是將他的金剛杵往岩石中一插，並說：

「瀧羅魔女，
遂願女護法！
切莫再要害眾生命！
日後若想危及眾生，
吾毀汝如毀此磐石！」

說畢，便將岩石擊成碎片，其所造成之印記遺跡，直到今日仍然可在瀧羅河畔見到。

此時，一陣虛無的隆隆聲傳來：

「降伏自心之竹巴袞列！
我是被你拋棄之妖精印母。

當你對人間女展開雙臂時，
我承認內心既憤怒又忌妒。
懇請您寬宥而原諒我。」

接著，魔女出現在河中央，面露悲傷懊悔之情，手執一只斟滿米酒的牛角，恭敬地獻供給上師，並重新發誓不再危害有情眾生。上師重新爲其命名爲喜逢，飭令其爲切米拉康寺⑭之護法。

之後，上師前往帕章，來到南卡卓瑪的家門前休息，等待她的出現。這名少女從窗戶裡看見了上師，雖從不曾親眼見過上師，僅僅一瞥，少女於法之宿業便即甦醒，並唱起了這首歌：

「歇息前廊熠熠之乞丐，
莫非竹巴袞噶列巴矣？
暫且聽聽這首少女詠！

⑭見第六章，注釋十六。

正午烈日高空掛，
照射各洲無有餘，
汝到之處無陰影，
暫且今晨與我伴，
爲此無衣孤兒吾，賜予溫暖衣衫吧！

法財珍寶之主人，
四處爲家財無匱，
暫且於此地停留，
爲此貧困受傷鼠，賜予財富成就吧！

法尊，竹巴袞列，
雲遊天下平等慈，
暫且相伴於此屋，

爲此無侶女子吾，示現圓滿眞義吧！」

女子唱畢，上師認爲其聰慧甚佳，堪爲法器，便給予如下回答：

「吾乃高掛空中之大日，
所照之處各洲無陰影，
然若爲朝北洞穴，此暖日不能及之。
要是妳衣衫單薄，就待在朝東之洞穴吧！

吾乃受用豐財之主人，
的確四處爲家無匱乏，
然若無布施果報，吾不能賜予成就。
縱使身無分文又可憐，還是盡手中一切布施吧！

吾乃是無爲竹巴袞列，
的確雲遊天下利眾生，
然若心中無虔敬，吾不能使其了證。
若想此生即成佛，就展現妳的信心與虔敬心吧！」

唱畢，南卡卓瑪爲師獻上茶、酒與食物。「南卡卓瑪，汝顏甚美，」他問她：「爲何尚未出嫁？」

「女子仍爲童女。」

「好！好！好！」他說道：「我們可以慢慢來！」

在接續幾杯酒後，師領其入房，在坐下之前，他說道：「這地毯得先開光，在這躺下！」

她將門閤上後，問道：「可會痛嗎？」

「不會，不過爲我取些酥油來。」他以些許酥油塗抹其金剛杵後，便與南卡卓瑪行誼，完畢後師問：「剛才可有痛苦？」

「說不出那感受是歡愉或痛苦，」她回答道。「但我此生確實未有比此刻更喜之時。」

「彼間可有任何念？」他問。

「彼間無念。」她回答：「唯盡力覺知之！」

「沒錯！正是這樣。」師認可地說道。隨後，便給予其《下門大樂口訣》。上師在此停留數日，爲南卡卓瑪揭示甚深眞實義的各個層面，隨後將其置於秘境貝瑪紥⑮（Pema Tsal）的山中禪定，並囑咐將於日後再回來看她。

之後，上師在前往賈西洛的路上，遇到一位揹負重物的女人。

「阿媽，妳揹著什麼？」他問她。

「糌粑。」她回答。

上師明瞭並無前往彼處的授記，便問了老母下方村子的名字。

「先是吐呼喀，然後是瑪西喀、章傑喀和喀多喀。」她回答道。

「有那麼多喀（意指口或孔）的地方，吾不去！」他這麼說道後，便往回走了。

---

⑮介於西藏與印度阿薩姆之間的許多隱秘山谷，據傳乃經由蓮師授記，擁有能夠進入其蓮華光明宮的秘密通道。

到了涅因瀧巴，上師看到一個老者正在建造灌溉水堤，上師看了看老者，知道當晚會有一個魔女要來害命，便問那老人：「阿爸，你在做什麼？」

「你看不出來我正在蓋水堤嗎？」老翁反問道：「你今天晚上要住在哪裡？」

「我就待在這裡，」上師說道：「我懶得走上走下了，你可有酒喝嗎？」

「如果你能幫忙幹活，我就給你酒喝。」老翁說著。

「沒有比我更會幹活的了！快去打點酒來吧！」上師回答後，便在田裡就地坐下，到了夜晚來臨之際，就直接躺下來休息睡覺。當晚午夜時分，魔女出現，並試圖抓著上師的腳將他拖走。上師取出其「智慧焰雷」金剛杵，魔女驚嚇而逃，來到一顆大圓石前，消失在圓石裡，上師於是在圓石週遭築起高牆，並說道：「命令妳永世不得出來！」然後便回到了田裡。

隔天早上，上師以神變根據老翁的期望，將水堤蓋好。老翁回到田裡，大感驚訝，爲上師獻上酒後，說道：「你肯定不是個平凡人，莫非你是來害我的邪魔倀鬼？」

「昨天晚上，你眞正的怨敵準備來吃掉你，」袞列告訴他：「但我把她鎮在村子口的石頭裡了。」

老翁一聽，對上師更加具有信心，向上師頂禮後唱道：

「不識來客爲眞佛，
不知客已救吾命，
不曉能以神變造水堤，
吾之無明，請寬恕！」

老翁從此趣入佛道，改變生活，既然水堤已經蓋好，便有更多的閒暇進行禪修。由此得知，竹巴袞列的佛行事業是多麼的仁善啊！

隨後，上師了知點化桑莫秋準的時機已經成熟。他爬上辛麓山口，往下走到旺跋帕薩（位於廷布區），遇見一名少女前來汲水，便問她是否有酒喝，以及是否可借宿一晚。她回答家裡有酒，也有一床可供投宿，於是便邀請上師進入屋內。她爲上師送上釀酒、食物與熱茶，最後還送上一壺上好的蒸餾白酒。上師一口氣喝掉半壺後，說道：「現在這個行者已經半醉，男根已經挺起，秋準是否爲處子？妳老實回答我。」

「去年在莊溝崗，寇枯西達帕覺趁勢偷襲，我並無任何感受。那應不算吧？」

於是，袞列喝道：「聽著！」

「桑莫秋準，聽此賦！
自述爲新苞，
又說去年於莊溝崗，
寇枯西達帕覺，
以杵進汝之蓮。
若其非嬉，何爲嬉？
親吻與摟抱始稱嬉？
今無論汝意下爲何，
吾不取剩食如汝兮！」

秋準在上師面前跪下，並唱出這首懇請之歌：

「喔！瑜伽士，莫生怒！
暫且聽我詠！

上蒼穹午夜之月，
不知天龍星⑯已靠近，
直至被蝕已太遲，
然月兒總無瑕再顯現。
下花園美麗之花，
不知冰霜雹已降臨，
直至枯萎與凋零，
然花兒總隔年再重開。

⑯天龍星（梵：Rahu，羅睺），古代占星學的惡魔，傳說月蝕乃是天龍星追逐月亮並食月的結果。

此心意自主之女，
不喜名爲寇枯之男，
然卻無力可抵抗，
如今染污應已盡淨除。

瑜伽士汝莫分別，
且取吾身以爲侍。」

上師頌此賦回道：

「上蒼穹之月，
確無可預知天龍星之臨。
無力受其虧損後，
總也能光明再現。

下花園之花，
確無可預知冰霜雹之臨。
無奈受其摧殘後，
總也能隔年再甦。

身世好具福報女，
確無意欲於寇枯者之臨。
無力受其侵辱後，
總也能欲樂再享！」

上師唱畢，秋準再次懇求道：「可否以水及薰香淨身再侍師？」上師同意了，於是便在秋準女以水淨身，以香薰身之後，上師與其共赴雲雨。在這之間，一名幼童闖進房內。

「有孩童在看！」她緊張地低聲說道。

「都說時機不宜，」他說道：「妳卻不聽從，現在就算他父母來了，我也不停！」便繼續進行。

孩童們帶著父母一群人聚集了過來。少女想要叫上師住手。「我才不管有多少人或魔在看。」他說道：「我不會被干擾。」

「看看那對無羞恥的人！」人們說著。

「我又不是和我阿媽做！」袞列告訴他們：「有什麼好大驚小怪的？如果你們不知道怎麼做，現在正好看著學！」於是，便繼續直到完成。

秋準於此間所生起的羞赧，淨除了先前的罪業，並成爲上師的具緣者之一。

之後，上師聽聞法台昂旺確嘉從惹龍來到了蒙地，於是便前去見他。途中，他前往探視住在洽達[17]的孫子策旺定津與妻子帕桑菩提，在那裡他進入了笑顏母的壇城，並使自己的血脈傳承盛放增長。

---

⑰洽達（音譯：Chakdar，藏：phyang-mda）為竹巴袞列之箭所射中的地名。

8

自不丹返回藏地與示現涅槃

荷擔慈、悲、忍辱之盾甲，
帶領摧滅五毒①之獵犬，
執持智慧、方便雙運於空性之弓箭，
眾生怙主法尊竹巴袞噶列巴我頂禮。

此時，眾生怙主法尊袞噶列巴前往普那卡宗，到達一處形似揚鼻大象的珠冠地，如今該地名為奇力崗（Jilli Gang）。在此，他受到昂旺確嘉的迎接，後者先前應一些南方老人的延請來到該地，法台的侍者向竹師拜揖，上師與法台雙雙回禮致意後，兩人便進入屋內寒暄閒聊。離開前，竹巴袞列對昂旺確嘉說他要先去見明妃阿總，但會在隔日準時返回，協助他灌頂法會②的甘露加持。

隔天在市集裡，當法台高坐在法座上，正對著一群廣大的信眾進行灌頂加持時，竹師肩掛弓箭，右手牽著威猛的獵犬，左手挽著以燦目嚴飾裝扮的阿總女來到現場，在場群眾皆看得目瞪口呆。

「今日不需甘露瓶③。」竹師告訴正在為甘露瓶進行淨化儀式的法台說：「今日甘露由我來施放，你們每個人只要閉目伸手領受即可。」接著便以右手執起陽具，將尿液滴在每張伸直的手上，其中以虔敬心領受皈依的群眾，均發現手中的液體清甘香甜，但有些人則急忙吐出拭手，並大叫著那是尿液。出自虔敬心而喝下甘露者，莫不獲得成就大力，而那些吐出者，則無不福德缺少。據說，以此緣起，直至今日，奇力崗仍然水源稀少。

法台繼續主持法會，而袞列則手挽著阿總女閒逛市集，不顧他人眼光，擰捏酥胸、親吻嬉遊，做著各種恣意而為之事。眾人之中一位名叫悉達嘉波的男子站起來說：「那些事在夜裡無人看到的地方做就行了，」他這樣告訴上師：「然而，儘管如此，不論您做什麼都無減於我們對您的敬信，亦無損於我們的專注。懇請您在離開市集前，給予我們嘛呢唄美的加持。」

「行！行！我一定加持你。」師回答道，並頌：

①五毒，五種負面情緒：貪欲、瞋怒、傲慢、嫉妒、癡愚。

②這種最具象徵意義的公開法會（藏：bka' -dbang，灌頂）通常以對信眾講經並開示品德、修道的紀律開始，而法會的高潮則是特定壇城本尊的灌頂、開光等儀式。

③寶瓶（藏：bum-pa），內裝有能賦予信眾壇城本尊灌頂加持的淨水，以喝下淨水視為受灌。

「嗡嘛呢唄美吽！
人說竹巴袞列眞瘋癲，然瘋癲中諸根對境皆爲道！
人說竹巴袞列大龍根，然此所屬能令少女心歡喜！
人說竹巴袞列愛交媾，然此交媾能興家族之善子！
人說竹巴袞列臀緊實，然此緊臀可斷輪迴之繩索！
人說竹巴袞列脈亮紅，然此紅脈能使空行如雲聚！
人說竹巴袞列嘴叨叨，然此嘮叨者卻捨離了家鄉！
人說竹巴袞列太英俊，然此俊美得受蒙地女子寵！
人說竹巴袞列眞佛陀，然除無明邪見後而覺性增！」

唱畢，市集的眾人莫不生起無別具信。

當晚，上師正深思要如何尋找其後代子嗣繁衍之佳地，舉目望去，便於淨相中見到成千的火精聚集在山頂上，於是立刻從火堆中取一根柴火往火精母們丟去，頓時整個村落瀰漫著燒肉味。上師更以神通將自己送往山頂，於該處建造了一座能夠鎮住地方靈魔的佛塔。據說那根被他丟上來的柴火，後來長成了一棵樹，成爲舊卡奇佛塔（Old Karchi Stupa）的中軸。

隔天，昂旺確嘉請上師到他房裡，憤怒地對上師說道：「你借住在我這邊，卻傷害其他眾生。昨天晚上，我很確定有聞到烤豬的味道。請你離開吧！」

「別氣！」袞列回答：「聽我道。」

「昨晚吾爲子嗣尋駐地，求見預兆與授記。
抬頭望向對山頂，成千火精母聚集。
見之當下即滅之，燒肉味卻無法避。

房子的屋簷看過去，霉菌菇附在樑柱上，最猛之風也吹不走。
少女的長腿看過去，金溝附在狸毛頂上，最傲陽具也解不下。
東土之人勇猛大力，南土之人樹葉覆身，
西土之人卑鄙下流，北土之人好吃美食。

佳釀留甕底，怡悅藏丹田。」

法台因爲上師的偈頌，情緒稍緩，然而，他還是說道：「我明天要上貢多去，如果你行爲依然不檢點，我不希望你跟來。來的話，只會顚倒我那些功德主的信心，並且讓我蒙羞。」

隔天，竹巴袞列比法台先前一步來到貢多，在市集，他見信眾已經備好茶酒，等待昂旺確嘉的到來。袞列告訴大家法台已在路上且隨後就到。接著，他爬上信眾爲法台準備的法座，對著群眾模仿主法上師並開著玩笑。法台到了現場，發現他還在搞笑。

「我與你說過今天不要來，」法台斥責道：「你爲何不聽從？」

「你說不要跟，」袞列笑說：「沒說都不要來啊！」

「既然都來了，希望你能行爲檢點，不要裝瘋賣傻，」法台接著說：「現在先行供酒。」

上師於是手持一缽酒，做出以下獻供與祈請④：

「金剛持請受此供，願您空盡輪迴苦。

帝洛巴請受此供，願您指出自心性。

那洛巴班智達請受此供，願您清除先驅者道障。
馬爾巴大譯師請受此供，願您令我等通曉密法。
密勒日巴請受此供，願您令我等生無欲家。
昂旺確嘉請受此供，願您令我等捨自家園。
因明堪布請受此供，願於辯論中語出機敏。
小廟上師請受此供，願能平息自私瑣碎爭。
貢千瑜伽士請受此供，願您能碎尼師股骨。
市集姑娘們請受此供，願您以媾換得衣食。
竹巴袞列請受此供，願您攜財於自身陽首！」

「把酒喝一喝就離開，」法台在上師唱完後說道：「別在我的灌頂法會上閒晃。」
「好啊，」袞列說道：「你的本事爲你賺到車馬費，爲我賺到花柳費。現在我要去找我的

④藏民習慣以奠酒祭禮，代表將他們一切所食用的食物或飲料獻祭（藏：phud-gtor，獻食）。

阿總補充精神食糧了。」

到了正午時分，當法台在灌頂法會中爲信徒說法時，遠方傳來一陣狗吠聲。眾人們低聲說道：「今天我們延請上師爲我們傳佛陀的深奧法教，一些缺德的人卻在那邊獵鹿造惡業。」然而，就在此時，一隻被獵犬追得氣喘吁吁的公鹿跑到了市集裡，來到法台的座前臥下，人們因而讚歎地說道：「仁波切的加持力多大啊！這隻鹿得救了！多麼吉祥的緣起啊！」

但隨後，在眾人的驚呼之下，竹巴袞列手持上膛的弓箭，衝進市集廣場。他說：「怎麼搞的，公鹿？你不是應該逃跑，怎麼趴在這裡？」語畢，便立刻一箭射穿了那頭公鹿。

「他今天是在和咱們開什麼殘酷的玩笑！」人們低聲說道。

袞列無視於他們，一刀砍下鹿頭，剝皮後就大切肉塊讓血滴乾，並生起火堆，開始火烤鹿肉。待肉烤完，還將烤肉一一分給在場信眾。

其間，法台繼續主持法會儀式，並以鷹眼盯著上師的一舉一動，他眼見上師將公鹿剩餘的骨頭堆在一起，手指一彈，將公鹿重新送回山裡。此舉，讓法台感覺自己面子十分掛不住，於是想要和他爭論。

「袞列！你身強體壯，卻不修苦行瑜伽，終日飲酒，還與女子嬉戲。沒錯，你能讓鹿死而復生，然而這不過是靠前世有修所得的神通業報，毫無證量可言。如果你能像我一樣既有證量、又具神通，試問你能這樣做嗎？」語畢，他脫下上身的法袍，拋向法座前的虛空中，法袍就掛在光線上面一動也不動，然而原本直挺的光線卻因爲法袍的重量而些微彎曲。

上師一看大笑，說道：「哈！你這是自得其樂！像你這樣一位高坐在法座上的傀儡，背負著討好信眾人心的重擔，能表演這樣的把戲，的確是神通。不過，要掛，就要像這樣掛！」接著，上師將其弓、箭以及獵犬全都掛在虛空中的光線上，然而光線卻依然筆直。法台因此不解地問道：「爲何光線僅因法袍之重量就曲折，卻不因獵犬之重量而曲折呢？」

「我倆的證量與出離心並無差別，」衮列告訴他：「但是你對財富與受用的重視，卻使得你的神通稍微重了點，以致於我的看來高了點！」

儘管兩相較量，在場聚集的群眾莫不深深大嘆、生起敬信。他們這樣說著：「上師確實爲吉祥竹巴本人！昂旺確嘉雖有廣大加持力，但竹巴衮列卻是無有敵手之瑜伽士啊！」從此，竹巴衮列之美譽傳遍了整個南方山谷，並進而傳到整個前藏與後藏。

一天，昂旺確嘉對竹巴衮列說：「春天到了，天氣漸熱，我們也該啓程回藏地了。」

「若你想走，就先走吧，」上師回道：「山谷裡姑娘們的翹臀把我留在這裡。然而，我想

「上師將其獵犬及弓箭掛在光線上。」

我也待不過一年。這隻老鳥倦了，厭於繼續漫遊，到時候我會想念這裡的。」他爲法台送行一小段路後，便向其鞠躬作揖致意，接受他的祝福。

昂旺確嘉取道帕羅回到其位於惹龍的寺院，而竹巴袞列則繼續留在此地與其明妃阿總在一起。一天，竹師從三地喀向上走去，遇見一群工人正在挖掘灌溉溝渠，心想他應該爲此乾旱之地帶來些水源，於是對他們說道：「你們幹這活的時候，得喝點酒吧！」

「我們沒有酒。」他們回答。

「我待在這，你們去取點酒來，我幫你們一起幹活。」上師提議道。

「你想怎樣就怎樣。」他們告訴他：「我們無酒也行。」

上師見此處並無吉兆，便說：「那麼此地人們只得仰賴雨水了。」直至今日，位於察沃囊的土地，每每要靠下雨才有水可得。

在察沃囊（Drakwok，位於布姆塘宗）這裡，上師借住在阿爸札西與阿媽朗嘉拉莫家中。這對夫妻對竹師說：「很高興今天您能來到我們家中作客，請留下來娶小女爲妻。」

上師回答：「若要娶你女兒，我得先喝點酒。」他們爲師送上七升的酒，而上師暢飲後表示：「這酒是上等酒，我會付你們酒錢。」說罷，便將甕底的青稞粒變成了黃金。

稍晚，就在阿爸要外出砍樹來替換家中的樑柱時，上師提議要跟他一起去，說道：「立柱是我常做的事！」因此，在上師的神變下，他將一支連兩個男人都抬不動的樑柱立了起來，隨後又進行了一場祈水儀式。據說，直到今日在阿爸札西田裡所發現的泉水依舊是源源不絕。

竹師繼續行腳，在經過貢域薩（Gomyul Sar，位於嘉薩區）的時候，他來到阿總女家中，給予所需的法教。之後便從喀窪洽拉（Khawa Chara，位於布姆塘宗）向下行，在此，他遇見一些男孩在捕魚，便向他們要一隻魚。

「你沒事幹，」他們說：「何不自己捕。」這時，一隻躲在河上方大黑岩裡的惡蛟龍，化做魚精來到他們面前。

上師對其大聲咆哮：「你這隻蛟龍！就算你化成巨大陰戶精我也不怕！」然後一把抓住魚精，往一顆石頭丟去，留下了一個魚印，直至今日依然清晰可見。

蛟龍被他這樣一丟，現出兇殘的原形，上師以「智慧焰雷」金剛杵驅趕之，蛟龍便朝岩石隱遁而去，上師最後以調柔與非殘暴的誓言將其制伏，並在岩石旁立了一座小佛塔。隨後，一名虔誠居士在佛塔旁建了一座寺廟，名為傍塔魚寺。

鎮伏蛟龍後，上師吟了這首詩：

「喀窪洽拉章喀，乃抓活魚之地，
放掉了小魚，卻瞬間殺了大魚！」

隨後，在喀窪哦辛（Khawa Ngoshing）附近，上師在一塊碾穀的平板石上，以手指刻下這段文字：

「人來人往結伴行，
唯我無伴獨自行，自怨自憐獨傷心。
要離喀窪哦辛時，是待是離無人惜。
最終我看還是離，不顧一切掉頭行。」

他書寫完畢，心想此刻應該去見見妻兒。路上，他遇到一些旅人問他要從蜺域往哪去，上師回道：

「春天來了，艾朵花兒正綻放。
來喝好酒，看看帕桑菩提後，
這小藏人也該回家了。」

他告別旅人，前往洽達，在高原上與妻兒見最後一面，在此停留數日之間，爲他們闡述佛教內義，並授予清淨祈願的法門。

上師接著來到章崗喀（Chang Gang Kha，位於廷布），並決定爲其功德主帕覺喇嘛施保護輪，避免其墮入邪法之道。到了帕覺喇嘛家中，他見喇嘛與其四名妻妾站在屋裡，中間站了一名貌美的女孩，這名女孩是喇嘛搶來要成親的，女孩的家人追到了喇嘛家中，手裡拿著刀喊著要殺他。

「莫爲女子起爭執啊！」袞列叫道：「且聽這一則故事。很久以前，在印度有個納羅塔王國，統治者是一位非常有錢又有勢力的國王，名叫帕拉達。王國裡有兩個人，一個叫巴叔，另一個叫達叔。這兩個男人不論在財力、品味和聲望上都彼此相當，因而雙雙在濕婆神面前立誓，發誓要和睦相待。後來，巴叔娶了非常美麗的老婆，令達叔非常嚮往。達叔內心暗自盤算著，既然巴叔擁有了他所不能分享的東西，那麼原先所立的誓就不算數。爲了欺騙朋友，他帶了一千兩黃金到朋友家中，還編了這個故事。

他告訴巴叔：「我要出門經商，請代爲保管這些錢財。」

「我們應該找個見證人來證明這檔事。」巴叔的老婆如此建議著，於是她找來誠實不容置疑的聖者詛拉來見證。在見證人的證明之下，達叔把黃金交給了巴叔，便上路了。

一年過去，某天晚上，達叔來找巴叔的老婆要黃金。

「我們去找見證人來。」女人說。

「何必麻煩呢？」達叔說：「這的確是我的黃金。」

她點頭後，便將黃金交還給他。

六個月過去，達叔又來到巴叔家。「你們過得如何？」他問道。「我的生意經營得不是很好，此刻我需要我的黃金。這匹馬就當作是謝謝你們代爲保管的酬勞。」

「你在說什麼？」巴叔驚訝地說道：「你已經把你的黃金拿走了，不能拿兩次。進來坐，喝杯茶休息一會兒吧！我們是朋友，不能收你的馬。謝謝你。」

「你不把黃金還給我，我自然不會和你喝茶，」達叔說：「我是來拿金子的，如果沒有，那麼我們的友誼也結束了。不過，話說回來，我們為什麼要爭執呢？去找見證人詛拉來證明不就行了！」

聖者來到，並宣稱自第一次黃金交付之後，便未再見到黃金交還。於是他們三人只好到國王那裡尋求排解。國王根據達叔與聖者之辭，判定巴叔有罪。

國王如此宣判：「你竊取了這男子的錢財，還試圖矇騙我和我的大臣、毀謗聖者的誠信。我判定你必須將美麗的妻子讓給被你竊取黃金的男子，而你自己則必須面臨火刑。」

於是國王下令收集村民的薪材與牛油後，點火將巴叔投到了火堆當中。

巴叔的妻子哀傷地對達叔叫道：「我不可能成為你妻子的！金子已經還給你了，你心知肚明！如今我冤枉的夫婿被活活燒死，看在過往一起發誓的情誼上，且讓我如此祈請：

「業之起因甚細薄，
聖者也得逢惡緣。

依靠惡友得毀滅，
破誓言友予欺瞞，
夫被火燒淚滿盈。
若吾背叛夫君憶，
吾心定將被蒙蔽！」

語畢，便投身入火堆中與其夫婿共盡。如今在印度及尼泊爾所流傳的妻子殉夫自焚習俗⑤相傳便是源自於此。達叔的惡行並未帶來其想要的結果，沒有多久便死於心神不寧。

達叔、巴叔及其妻子三人死後，來到閻羅王的面前接受業力的審判。

閻羅王如此宣判：「巴叔，你和妻子兩人將投生為帕拉達國王的兒子和女兒。而你，達叔，將投生為住在宮殿附近的豬農之子。」

王子與公主投生為面容姣好的孩童，而豬農之子則生來就沒有嘴巴。

⑤印度殉夫自焚的習俗在英國統治時期已被法律禁止，而在現今的尼泊爾則仍有所見，令人難以想像。

小孩的母親哭喊著：「這孩子前世到底做了什麼？這輩子生來有眼、有耳、有鼻，卻沒有嘴巴？他眼睜睜地看著其他人吃東西，自己卻餓著肚子沒辦法吃，只好以手腳打食物出氣，沒有嘴巴是要怎麼吃東西啊？」

彼時，佛陀正好外出化緣，途經豬農之家，母親帶著小孩來到佛陀面前，並將小孩平放在佛陀蓮足前，懇求著說：「遍知世尊！請告訴我，是什麼樣的惡業造成他此生如此痛苦？」

「將國王的子女帶來這裡。」佛陀指示。當他們抵達，佛陀開始講述其生前所發生的細節，而他們三人因憶起過往情事，紛紛傷心落淚。達叔更是來到佛陀足前，懺悔痛哭，佛陀隨後爲這可憐的孩子剃度，賜法名淨喜，並爲其授居士戒。他靠著吸聞糌粑的燃煙過日，佛陀則向其保證有朝一日他終將成就佛果。」

故事說完，竹巴袞列對著眾人說：「此乃公然搶奪他人妻所必須承受的惡報。」

帕覺喇嘛一聽，放棄了搶婚的想法，並說：「喔！竹巴袞列，你總是闡述眞理！請爲我們唱首關於南方的道歌吧！」

於是，上師便以蒙地所有與他具緣的姑娘爲主題，以此道歌唱：

「惹龍來的藏地師，血脈尊貴尚不足，還有威力大樂浪。
雪地裡的艾朵花，嬌豔色彩尚不足，還有濃郁之花蜜。
瓊西喀的嘉總女，美麗蓮華尚不足，還曉股脊之進退。
貢多的阿總姑娘，迷人身形尚不足，床笫之道亦了得。
泱漠的帕總菩提，取津之道尚不足，嘴功戲道也不錯。
中域顏林寧薩此，信徒眾多尚不足，還有濃濃醇米酒。
踵踵嘉措與嘉總，未能安住於現狀，擁寬廣心有何用？
南方學者居士眾，醇醇米酒你不喝，搶小牛食是做啥？
無爲法尊裒列者，雲遊四方尚不足，還得印母多啊多！
崗喀帕覺喇嘛彼，已有妻妾共五人，何需強爭此一名？」

唱畢，帕覺喇嘛內心充滿敬畏與虔敬，他由衷地感謝上師，並從師領受所需的教導。

竹師回到旺跋帕薩的桑莫秋準家中停留數天，指導她把心安置於涅槃的法門後，便向她告別。當晚，他來到旺貢孜崗，那裡有座小廟，上師向佛陀請示緣起授記，看看是否適宜在此地建造一座僧院。

「佛陀上師！」他在小廟外頭喊著。

「佛陀上師無也。」廟公以為有個名叫佛陀上師的人，於是這樣回答著。

「聖言！」上師再叫一遍，結果得到類似的回答。

「聖財！」上師最後再叫一遍，一樣得到查無此人的回答。上師因而認為此地無吉祥緣起之授記，並唱起：

「白雪山頭有牧地，餵養一頭羊之牧草卻無；
高山谷底有河流，滋養一隻鳥之河水卻無；
峻嶺坡地有森林，點燃一把火之薪材卻無；
廟公，你啊！三無之主人是也！」

正當他要離開此地之時，心想至少應對佛陀做些供養，便以拇指點地，為當地帶來了一處水源。

隨後，上師來到紮隆涅（Tsalunang），發現這裡的男人都去挖鐵礦了，因此他無處投宿，然而有一位名叫多竹桑莫的具信婦人邀請他至家中投宿。

「你有酒喝嗎？」他問道。

「我有七升。」她回答。

他隨婦人回家，並開始在其廳堂裡喝起酒來，喝著、喝著，他突然這樣問道：「你家中可有人去挖鐵礦？」

「有，我一個二十三歲的兒子，澤林旺杰，他去了礦坑。」她告訴他。

「那麼，對著那口空瓷壺的嘴，叫他的名字。」他指示道。

婦人照做之後，兒子遠在旺地的礦坑裡聽到有人在叫他的名字，於是爬出礦坑，看看是誰在叫他。正當他爬出礦坑後，下方的一個坑道就坍塌了，坑道裡二十九人因此被活埋。

澤林旺杰急忙跑回家，問其母：「妳可有叫我的名字？」

「有啊，我有叫。」其母回答：「你的其他朋友呢？」

「他們全都被活埋在礦坑裡了。」他告訴她。

上師告訴多竹桑莫：「妳大方布施了酒和旅宿，這是我的一點回饋。」

「若我有馬、有象，肯定也會供養給您！」她充滿喜悅地這樣說，並大大地感謝上師所為。

上師隨後來到桀隆涅河谷的上方，尋問村民南卡卓瑪的行蹤，最後在一座難以進入的深山岩穴裡見到她。

上師問道：「喔！南卡卓瑪，一切進行得如何啊？」南卡卓瑪立刻起身，並以前額向上師之足頂禮。

上師以此指導：「當妳的虔敬心大到如釋迦牟尼佛時，妳將走出『修』之深壑，達到『無修』之境。透過上師加持與自身虔敬的相融，便能將自己有限的心與內在潛藏的佛心合一，那時便可證得光明身。」言畢，便離去了。

正月十五的那天，南卡卓瑪於聲、光、意之中獲證了解脫。據說，直到今日，每當正月十五，總是會有法音在岩穴中迴響。

之後，上師來到傑賴麓口、今稱嘉定喀（Jading Kha）的地方。在此地，上師來到一座大宅，見宅院裡的人們正喝著美其名為肉湯的乾蘿蔔湯。上師向他們說：「閻王要來了，我要逃了。」

他們卻回答：「你要走就走，我們沒有那麼迷信。」

上師才剛步出大門，房子就坍塌了，裡面的人都因此被活埋了。

隨後，在傑賴麓（Jelai La pass，介於廷布與帕羅之間），上師望向寧達塔巴家中，心想應該要去拜訪大師的女兒，也就是位在帕羅的桑天澤莫。然而，當上師抵達其家中時，發現該女子已被許配給其他男子，而寧達塔巴則在傳授他自己的法教。上師視此爲不祥的緣起，於是唱起這首歌：

「高原欣欣的牧草地上，
千頭牛裡只有百隻是幸運的，
沒有福報的牛兒啊！被商人帶走，
少了貪得無厭的主人，
母牛只得入食肉者手！

低地湛藍的江河水裡，

千條魚裡只有百條是幸運的，
沒有福報的魚兒啊！被漁夫捕走，
少了湛藍水波的保護，
小魚只得落入飢民手！

蒙域南方藏青叢林裡，
千隻鳥裡只有百隻是幸運的，
沒有福報的鳥兒啊！被小童抓走，
未受訓之羽翼難高飛，
小鳥只得落入莽童手！
蒙域帕羅這片土地上，
千個人裡只有百人是幸運的，
惡人被領入上師寺院，
少了浸潤聖法的機緣，
徒留吝嗇上師與錯亂的破戒弟子啊！」

寧達塔巴與其弟子因為上師歌詞裡的影射而大感光火，於是拒絕供養他食物與住宿。上師見此，亦視為與桑天澤莫無吉祥緣起的授記，於是認為其在南方山谷之教化與調伏事業已畢，便打算即刻啓程回到藏地。不一會兒，上師便以禪定力與神足通將自己送回家鄉。

上師回到家鄉與法台昂旺確嘉會面，法台對師說：「喔！袞噶列巴，俗話說『老朽不出遠門』，你應該要在一地安定下來了，我們能夠負擔你的所有起居，縱有不足，護法與神眾也會幫忙的，況且你又是一切所欲天界財庫的大師，應可不必掛心。」

接受法台的建議後，竹巴袞列在名為吉祥白馥之起居室中，住於不變三昧耶甚深三摩地中一段時日。之後，竹師接受一些虔誠信眾的邀請前往浪卡子去，那時上師患病的右足化做虹光，眾人親見神蹟，認定此為上師即將入滅的預兆。隨後，他便前往堆龍的路搏寺，與其子吉祥景雍竹達⑥同住。

以上，即為眾生怙主法尊竹巴袞列雲遊前藏、後藏、阿里、多康、隆子縣、達波、工布與

⑥竹巴袞列的第一個子嗣，其名稱的來源取自竹師將其拋出去的大地之名（見第四章）。景雍竹達所創建的寺院位於督域（音譯，藏：sTod-yul，現今之堆龍）的楚布（音譯，藏：mTshur-phu）。

不丹等地，以無私之心教化世人、調伏當地神靈，爲旱地帶來水源、爲貧者帶來財富，爲無子婦女帶來子嗣、爲無明者開啓智慧，並爲盲目者指引修道之路，其佛行事業超乎平凡人之範疇，事實上，其生平種種事業皆無法以筆墨形容，而其入涅就如其一生那般，亦無法以吾等凡夫之見全盤了解。如牟尼尊（釋迦牟尼）於刺槐林裡遭木刺扎其足，示現身體苦相乃是爲了敦促世人追隨正法，而這位瘋聖則是在其認爲教化事業圓滿之後，示現了衰弱相，於鐵馬年（公元後一千五百七〇年）正月初一，歲百一十五之時，圓滿示寂。因其具爭議性的名聲，於「十萬文集」中並未確切提及其歲數，然眾說其年數爲歲百一十五餘。

竹師入涅時，地震、雷聲、閃電，連同其他吉祥徵兆俱生，自不待言，而上師爲了使佛法能夠久住於世間，並未融入虹光身，反而留下諸多顯現佛菩薩聖相之骨舍利，從外在來看分別有釋迦牟尼佛、觀世音菩薩、聖救度母、阿底峽尊者、馬頭明王、勝樂金剛等等，除此之外，亦留下了許多大大小小的舍利子⑦。這些佛舍利與舍利子起初被保存在堆龍的路搏寺，使業緣與福報兼具的信者得以親見。之後，當夏尊仁波切⑧拜訪該寺時，將舍利攜回不丹，目前由不丹政府珍藏保存。

---

⑦成佛之後，於般涅槃時，血肉之軀將融入光明，消失於淨土天界之中，而其物質精華則結晶為具有光澤的小顆粒體。竹巴袞列則選擇讓其舍利骨以各種佛的形象呈現。

⑧夏尊仁波切即是指夏尊雅旺南嘉。見第七章，注釋十。

祝禱文

善願祈禱文

古之成就者袞噶列巴，
傳承使其尊、法諦使其威，
願此慈悲大日之傳記，
使我等樂見上師事蹟。

天神聽聞傳記喜孜孜，願賜我等妙欲和悅樂。
龍族聽聞傳記喜孜孜，願賜我等節氣風雨順。
大地護魔聽聞傳記喜，願賜我等願望速成辦。
世界周遍聽聞傳記喜，願賜收成牲畜恆豐饒。

怨靈聽聞傳記心調伏，願能回遮違緣和阻礙。
讀者聽聞傳記愛染增，願享迷人女子之首肯。
少年聽聞傳記我慢長，願享龍首昂角之力道。
老母聽聞傳記徒傷悲，願其得享萊菔合其身。
小子聽聞傳記興昂然，願其得有心想事成樂。
眾生聽聞傳記苦緩解，願此三界有情能得樂。
聽聞傳記究竟心願成，願諸眾生皆能獲佛果。

吉祥文

或喜天界大樂空，或喜龍宮之財帛，天神、龍族增吉祥！
或喜福報之歡愉，或喜王公之財富，歡喜聖者、悲慘王公增吉祥！
昂旺確嘉喜駿駒，竹巴袞列喜女子，喜駒喜女增吉祥！
弟子列謝喜美酒，帕桑多傑喜肉餚，喜酒喜肉增吉祥！
卓卓喀拉喜賭博，阿桑久梜喜詠唱，喜賭喜詠增吉祥！
巴列總總喜持嘛尼咒，多竹帕桑喜食魚，喜法喜魚增吉祥！
阿尼阿栒喜躺臥，阿爸阿梜喜站立，喜臥喜立增吉祥！
多巴策旺喜歡置身法中，竹巴袞列喜歡置身女主人中，喜法喜母增吉祥！
桑種札西喜藏域，桑竹桑波喜南域，喜藏喜南增吉祥！
青年飲酒具大力，穿戴華服與寶環，青春年少增吉祥！
女子著絲享甘食、喜交媾且生子嗣，少女婦女增吉祥！
教之法與聞之耳，思之義與修之道，師徒教學增吉祥！
精進之兄（僧）、顯明之道（法）、證得之果（佛），三寶加持增吉祥！

迴向文

昨日之紀事，縱使為大成就者種種事業之傳記，由於其深不可測、難以理解，再加上缺乏信心或沒有考據，恐有聽來令人貽笑之虞。

然而，由於聖法如珍貴之金匙，已使慧眼稍開，並單單藉此之力，於閱讀此成就者的無量生平事蹟時，便能汲取神變法諦之每一滴甘露。

更甚者，當此甘露精華經由提煉，如白海螺之心浸潤於清淨中，此吉祥草筆便能刻寫出智慧之道。同時，這份贈予熱望心的寬坦無作之禮，將能送到一切具信虔敬而伸出之手上，使其獲得所喜之喜。願此供施之善德匯聚如流水涓續，終而帶領眾生入遍智大洋。

竹巴袞列行腳藏地與不丹地圖

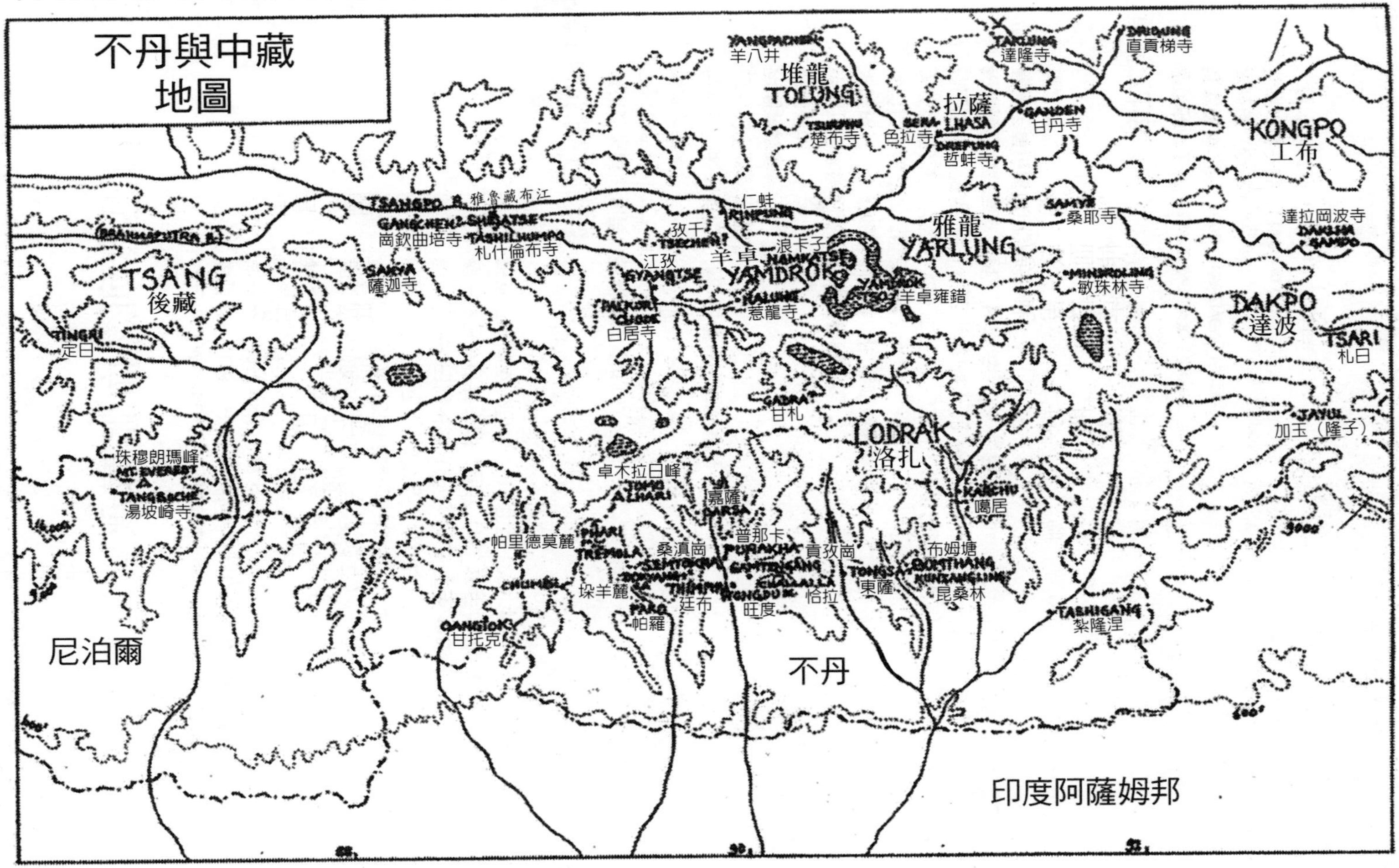

【附錄二】

竹巴袞列之血脈傳承

薩拉哈（藏：mDa'-bsnun chen-po，西元第八至九世紀）
夏瓦利巴（藏：Ri-khrod dbang-phyug，西元第九世紀）
帝洛巴（西元 988 年至 1069 年）
那洛巴（西元 1016 年至 1100 年）
馬爾巴譯師（西元 1012 年至 1097 年）
密勒日巴（西元 1052 年至 1136 年）
岡波巴（西元 1079 年至 1153 年）
帕莫竹巴（西元 1110 年至 1170 年）
寧千日巴．白瑪多傑（西元 1128 年至 1189 年）
藏巴嘉日．依昔多傑（西元 1161 年至 1211 年）
帕覺竹貢續波（西元 1183 年至 1251 年）

藏巴嘉日之血脈：

嘉依如倉蘇波札貝，瑪札達宜（妻）
千拉本吉拉
洛本 / 苯大
波浛巴千波僧給仁千 和 多傑林巴僧給喜饒
古松巴千波僧給嘉波
蔣揚袞噶僧給
羅卓僧給
蔣揚竹巴南開帕桑 和 卻傑喜饒僧給
多傑嘉波 和 桑竹南開巴桑 和 強竹喜饒桑波
囊所仁千桑波，祜母宜（妻）
法尊袞噶列巴（西元 1455 年至 1570 年），帕桑菩提姆（妻）
昂旺定津（西元 1520 年至 1590 年）和 景雍竹達
帕覺揚日策旺定津（西元 1574 年至 1643 年）
嘉謝定津拉貫 和 竹秋欽杰
姜袞麗

竹巴袞列之上師：

寧英曲傑上師（Lama Nenying Choje）
夏魯傑顏惹巴（Zhalu Jekhyen Rabpa）
嘉旺傑（Gyalwong Je）
長老拉尊千波（Lhatsun Chempo）
比丘索南綽帕（Sonam Chokpa）

橡樹林文化 ❖❖ 成就者傳紀系列 ❖❖ 書目

JS0001	惹瓊巴傳	堪千創古仁波切◎著	260 元
JS0002	曼達拉娃佛母傳	喇嘛卻南、桑傑．康卓◎英譯	350 元
JS0003	伊喜．措嘉佛母傳	嘉華．蔣秋、南開．寧波◎伏藏書錄	400 元
JS0004	無畏金剛智光：怙主敦珠仁波切的生平與傳奇	堪布才旺．董嘉仁波切◎著	400 元
JS0006	帝洛巴傳	堪千創古仁波切◎著	260 元
JS0007	南懷瑾的最後 100 天	王國平◎著	380 元
JS0008	偉大的不丹傳奇．五大伏藏王之一貝瑪林巴之生平與伏藏教法	貝瑪林巴◎取藏	450 元
JS0009	噶舉三祖師：馬爾巴傳	堪千創古仁波切◎著	300 元
JS0010	噶舉三祖師：密勒日巴傳	堪千創古仁波切◎著	280 元
JS0011	噶舉三祖師：岡波巴傳	堪千創古仁波切◎著	280 元
JS0012	法界遍智全知法王——龍欽巴傳	蔣巴．麥堪哲．史都爾◎著	380 元
JS0013	藏傳佛法最受歡迎的聖者——瘋聖竹巴袞列傳奇生平與道歌	格西札浦根敦仁欽◎藏文彙編	380 元
JS0014X	大成就者傳奇：54 位密續大師的悟道故事	凱斯．道曼◎英譯	500 元
JS0015	證悟的流浪者——巴楚仁波切之生平與言教	馬修．李卡德◎英譯	580 元
JS0018S	我的淨土到了——多芒揚唐仁波切傳	卻札蔣措◎著	1200 元
JS0019	大伏藏師——秋吉林巴行傳	蓮花生大士、秋吉林巴、蔣揚欽哲旺波、蔣貢康楚羅卓泰耶、烏金督佳仁波切、帕秋仁波切◎著	650 元
JS0020	歪瓜：一代禪師鈴木俊隆的平凡與不凡	大衛．查德威克◎著	760 元

橡樹林文化 ❖❖ 圖解佛學系列 ❖❖ 書目

JL0001	圖解西藏生死書	張宏實◎著	420 元
JL0002X	圖解佛教八識	洪朝吉◎著	300 元

橡樹林文化 ❖❖ 善知識系列 ❖❖ 書目

JB0111	中觀勝義諦	果煜法師◎著	500元
JB0112	觀修藥師佛：祈請藥師佛，能解決你的困頓不安，感受身心療癒的奇蹟	堪千創古仁波切◎著	300元
JB0113	與阿姜查共處的歲月	保羅．布里特◎著	300元
JB0114	正念的四個練習	喜戒禪師◎著	300元
JB0115	揭開身心的奧秘：阿毗達摩怎麼說？	善戒禪師◎著	420元
JB0116	一行禪師講《阿彌陀經》	一行禪師◎著	260元
JB0117	一生吉祥的三十八個祕訣	四明智廣◎著	350元
JB0118	狂智	邱陽創巴仁波切◎著	380元
JB0119	療癒身心的十種想——兼行「止禪」與「觀禪」的實用指引，醫治無明、洞見無常的妙方	德寶法師◎著	320元
JB0120	覺醒的明光	堪祖蘇南給稱仁波切◎著	350元
JB0121	大圓滿禪定休息論	大遍智　龍欽巴尊者◎著	320元
JB0122X	正念的奇蹟	一行禪師◎著	300元
JB0123	一行禪師　心如一畝田：唯識50頌	一行禪師◎著	360元
JB0124X	一行禪師 你可以不生氣：佛陀的最佳情緒處方	一行禪師◎著	320元
JB0125	三句擊要： 以三句口訣直指大圓滿見地、觀修與行持	巴珠仁波切◎著	300元
JB0126	六妙門：禪修入門與進階	果煜法師◎著	400元
JB0127	生死的幻覺	白瑪桑格仁波切◎著	380元
JB0129	禪修心經——萬物顯現，卻不真實存在	堪祖蘇南給稱仁波切◎著	350元
JB0130	頂果欽哲法王：《上師相應法》	頂果欽哲法王◎著	320元
JB0131	大手印之心：噶舉傳承上師心要教授	堪千創古仁切波◎著	500元
JB0132	平心靜氣：達賴喇嘛講《入菩薩行論》〈安忍品〉	達賴喇嘛◎著	380元
JB0133	念住內觀：以直觀智解脫心	班迪達尊者◎著	380元
JB0134	除障積福最強大之法——山淨煙供	堪祖蘇南給稱仁波切◎著	350元
JB0135	撥雲見月：禪修與祖師悟道故事	確吉．尼瑪仁波切◎著	350元
JB0136X	醫者慈悲心：對醫護者的佛法指引	確吉．尼瑪仁波切 大衛．施林醫生◎著	350元
JB0137	中陰指引——修習四中陰法教的訣竅	確吉．尼瑪仁波切◎著	350元

JB0138X	佛法的喜悅之道	確吉．尼瑪仁波切◎著	350 元
JB0139	當下了然智慧：無分別智禪修指南	確吉．尼瑪仁波切◎著	360 元
JB0140	生命的實相——以四法印契入金剛乘的本覺修持	確吉．尼瑪仁波切◎著	360 元
JB0141	邱陽創巴仁波切 當野馬遇見上師：修心與慈觀	邱陽創巴仁波切◎著	350 元
JB0142	在家居士修行之道——印光大師教言選講	四明智廣◎著	320 元
JB0143	光在，心自在 〈普門品〉陪您優雅穿渡生命窄門	釋悟因◎著	350 元
JB0144	剎那成佛口訣——三句擊要	堪祖蘇南給稱仁波切◎著	450 元
JB0145	進入香巴拉之門——時輪金剛與覺囊傳承	堪祖嘉培珞珠仁波切◎著	450 元
JB0146	（藏譯中）菩提道次第廣論： 抉擇空性見與止觀雙運篇	宗喀巴大師◎著	800 元
JB0147	業力覺醒：揪出我執和自我中心， 擺脫輪迴束縛的根源	圖丹．卻准◎著	420 元
JB0148	心經——超越的智慧	密格瑪策天喇嘛◎著	380 元
JB0149	一行禪師講《心經》	一行禪師◎著	320 元
JB0150	寂靜之聲——知念就是你的皈依	阿姜蘇美多◎著	500 元
JB0151	我真正的家，就在當下—— 一行禪師的生命故事與教導	一行禪師◎著	360 元
JB0152	達賴喇嘛講三主要道—— 宗喀巴大師的精華教授	達賴喇嘛◎著	360 元
JB0153	輪迴可有道理？—— 五十三篇菩提比丘的佛法教導	菩提比丘◎著	600 元
JB0154	一行禪師講《入出息念經》： 一呼一吸間，回到當下的自己	一行禪師◎著	350 元
JB0155	我心教言——敦珠法王的智慧心語	敦珠仁波切◎著	380 元
JB0156	朗然明性： 藏傳佛教大手印及大圓滿教法選集	蓮花生大士、伊喜．措嘉、 龍欽巴、密勒日巴、祖古． 烏金仁波切等大師◎著	400 元
JB0157	跟著菩薩發願：〈普賢行願品〉淺釋	鄔金智美堪布◎著	400 元
JB0158	一行禪師　佛雨灑下—— 禪修《八大人覺經》《吉祥經》 《蛇喻經》《中道因緣經》	一行禪師◎著	380 元
JB0161	證悟瑰寶：佛陀與成就大師們的智慧教言	艾瑞克．貝瑪．昆桑◎英譯與彙編	500 元

成就者傳記　JS0013X

藏傳佛法最受歡迎的聖者——瘋聖竹巴袞列傳奇生平與道歌

The Divine Madman:The Sublime Life and Songs of Drukpa Kunley

藏文彙編／格西札浦根敦仁欽（dGe-shes Brag phug dge-'dun rin-chen）
英文譯者／凱斯道曼（Keith Dowman）
中文譯者／普賢法譯小組
責任編輯／陳芊卉
封面設計／兩棵酸梅
內文排版／歐陽碧智
業　　務／顏宏紋
印　　刷／韋懋實業有限公司

發 行 人／何飛鵬
事業群總經理／謝至平
總 編 輯／張嘉芳
出　　版／橡樹林文化
城邦文化事業股份有限公司
115 台北市南港區昆陽街 16 號 4 樓
電話：(02)2500-0888ext2738　傳眞：(02)2500-1951
發　　行／英屬蓋曼群島商家庭傳媒股份有限公司城邦分公司
115 台北市南港區昆陽街 16 號 8 樓
客服服務專線：(02)25007718；25001991
24 小時傳眞專線：(02)25001990；25001991
服務時間：週一至週五上午 09:30 ～ 12:00；下午 13:30 ～ 17:00
劃撥帳號：19863813　戶名：書虫股份有限公司
讀者服務信箱：service@readingclub.com.tw
香港發行所／城邦（香港）出版集團有限公司
香港九龍土瓜灣土瓜灣道 86 號順聯工業大廈 6 樓 A 室
電話：(852)25086231　傳眞：(852)25789337
Email: hkcite@biznetvigator.com
馬新發行所／城邦（馬新）出版集團【Cité (M) Sdn.Bhd. (458372 U)】
41, Jalan Radin Anum, Bandar Baru Sri Petaling,
57000 Kuala Lumpur, Malaysia.
電話：+6(03)-90563833　傳眞：+6(03)-90576622
Email：services@cite.my

初版一刷／ 2017 年 12 月
二版一刷／ 2024 年 7 月
ISBN ／ 978-626-7449-21-9
定價／ 400 元
城邦讀書花園
www.cite.com.tw

國家圖書館出版品預行編目（CIP）資料

藏傳佛法最受歡迎的聖者：瘋聖竹巴袞列傳奇生平與道歌 / 格西札浦根敦仁欽藏文彙編；凱斯道曼英譯；普賢法譯小組中譯. -- 二版. -- 臺北市：橡樹林文化，英屬蓋曼群島商家庭傳媒股份有限公司城邦分公司發行，2024.07
面；　公分. --（成就者傳記系列；JS0013X）
譯自：TThe divine madman : the sublime life and songs of Drukpa Kunley
ISBN 978-626-7449-21-9（平裝）

1.CST: 竹巴袞列 (Kunley Drukpa, 1455-1520)
2.CST: 藏傳佛教 3.CST: 佛教傳記

226.969　　113008344

處理佛書的方式

佛書內含佛陀的法教，能令我們免於投生惡道，並且爲我們指出解脫之道。因此，我們應當對佛書恭敬，不將它放置於地上、座位或是走道上，也不應跨過。搬運佛書時，要妥善地包好、保護好。放置佛書時，應放在乾淨的高處，與其他一般的物品區分開來。

若是需要處理掉不用的佛書，就必須小心謹愼地將它們燒掉，而不是丟棄在垃圾堆當中。焚燒佛書前，最好先唸一段祈願文或是咒語，例如唵（OM）、啊（AH）、吽（HUNG），然後觀想被焚燒的佛書中的文字融入「啊」字，接著「啊」字融入你自身，之後才開始焚燒。

這些處理方式也同樣適用於佛教藝術品，以及其他宗教教法的文字記錄與藝術品。

ཡི་གེ་ཉི་ཤུ་རྩ་དྲུག་པ་འདི་དཔེ་ཆའི་ནང་དུ་བཞག་ན་དཔེ་ཆ་དེ་ཅི་འདྲར་
བགོམས་ཀྱང་ཉེས་པ་མི་འབྱུང་བར་འཇམ་དཔལ་རྩ་རྒྱུད་ལས་གསུངས་སོ། །

此咒置經書中　可滅誤跨之罪

填寫本書線上回函